LES
VIERGES SAGES.

IMPRIMERIES DE PECQUEREAU ET Cie,
58, RUE DE LA HARPE.

LES
VIERGES SAGES

PAR

ALPHONSE ESQUIROS.

PARIS

P. DELAVIGNE, ÉDITEUR,

19, RUE DES GRANDS-AUGUSTINS.

—

1842

PHYSIOLOGIE DE LA FEMME [1].

Un préjugé contre lequel il faut se tenir en garde, en voyant la femme, au dix-neuvième siècle, douée d'une merveilleuse délicatesse d'organes, d'une beauté supérieure à l'homme, d'une finesse d'esprit et d'une pénétration singulière, est de croire qu'il en ait toujours été de même. Non. La femme ne fut guère, au commencement, qu'un progrès sur la se-

[1] Nous ne traiterons point ici de la nature de la femme, c'est un sujet que nous essaierons d'aborder dans un autre ouvrage, et dont nous ne nous dissimulons pas d'ailleurs toute l'importance réelle. Les faits extérieurs tiennent à l'organisation d'un être, comme les feuilles d'un arbre tiennent à ses racines; il est donc nécessaire d'en acquérir la connaissance.

Mais ce que nous voulons énoncer en attendant, c'est une loi physiologique très-étendue, dont ce petit livre n'est que le développement et l'application à l'histoire de la femme.

nielle du singe. Dieu l'avait doué seulement en plus d'intelligence, tandis que les animaux autour d'elle étaient soumis aux pures lois de l'instinct dans la création naissante. Tant que la femme vécut au sein de la nature, elle ne put encore développer les germes qui étaient dans son intelligence même; mais pourvue uniquement d'organes grossiers, en lutte avec des forces gigantesques, elle ne songeait, avec l'homme, qu'aux soins de sa conservation.

La beauté, la grâce et tous les autres attributs physiques qui semblent comme particuliers à son sexe, lui avaient été refusés tout d'abord. Dans l'état de nature, qui est l'état primitif, la femme, assez semblable au mâle, se montre généralement encore plus laide et plus mal conformée que lui; rien donc d'étonnant à ce qu'elle languisse alors dans une farouche abjection [1].

[1] Ayons recours, pour bien établir cette vérité, au témoignage des voyageurs. « Des principales femmes du pays, dit M. Dumont-Durville, en parlant des naturels de Manado, quoiqu'elles fussent assez jeunes et assez bien costumées, pas une seule n'était agréable;

Les soins particuliers dont la femme a été
entourée dans l'état de société, les hommages
et les égards dont elle est devenue l'objet, les

comme si elles eussent été plus *maltraitées par la nature que les hommes,* leurs traits n'exprimaient que la
stupidité. Une bouche très-éloignée des narines, un
nez court et épaté, des yeux sans aucune expression
et très-distants l'un de l'autre, une face aplatie et com-
primée de haut en bas, voilà ce qu'on remarquait chez
ces pauvres créatures. » Cette observation n'est point
particulière aux habitantes de Manado ; elle s'étend à
toutes les femmes de l'Océanie. « Les femmes, est-il
dit ailleurs, *sont loin d'être aussi bien que les hommes ;*
elles sont proportionnellement courtes et ramassées
dans leur taille ; elles ont les cuisses et les jambes fort
grosses, les seins très forts et les traits du visage sans
expression. » Enfin, le même voyageur, victime récente d'une catastrophe si inouïe, trace en ces termes
le portrait des indigènes de la Nouvelle-Zélande : « *Les
femmes sont encore plus hideuses que les hommes,*
surtout quand elles ont atteint un certain âge. Leurs mamelles sèches, plissées et pendantes ressemblent à de
vieilles besaces, et comme si elles étaient jalouses d'imprimer plus vite à leur gorge cet aspect dégoûtant,
elles ont adopté la coutume de la serrer fortement avec
une ceinture au-dessus du mamelon. Leurs cheveux
sont laineux et le plus souvent tondus ras. »
Ces faits n'ont rien d'ailleurs qui doive nous sur-

influences morales qu'elle a subies, en contribuant à changer pour elle les dures conditions que la nature lui avait faites, ont également changé sa place dans le monde. Si la femme est aujourd'hui la plus belle et la plus recherchée des créatures, ce n'est donc pas à son

prendre, si nous les comparons à ce qui se passe dans toute la nature. Chez les animaux, le mâle l'emporte constamment sur la femelle, non-seulement en force et en puissance, mais encore en beauté. Seul doué de la voix, dans certaines espèces, il se distingue presque dans toutes par une supériorité évidente d'organisation. Si certains ornements appartiennent à la race, la femelle en est presque toujours dépourvue. Chez les mammifères, le lion est revêtu de cette crinière royale qu'on chercherait vainement au cou de la lionne, et le cerf seul couronne sa tête de ce bois majestueux étranger au front de la biche. On sait également que parmi certains gallinacés aux couleurs éclatantes, chez le faisan, par exemple, la femelle offre, par la tristesse de son plumage, un contraste si frappant, qu'elle a souvent été prise pour un oiseau d'une espèce différente.

La femelle est donc, comme nous l'avons dit en commençant, plus maltraitée, de tout point, que le mâle; il semble que la nature ait réservé toutes ses faveurs pour l'un des deux sexes, et qu'elle ait sacrifié l'autre. Si même ce spectacle nous étonne, c'est que nous le regardons avec les yeux que la civilisation nous a faits.

sexe qu'elle le doit, c'est à la société, qui, tirant de cette ébauche primitivement grossière un ensemble de plus en plus délié, a réalisé un être nouveau par cette action constante de causes nouvelles qu'on peut nommer, sans crainte, une seconde création.

L'influence de l'état de société sur l'espèce humaine peut être comparée à celle de la domestication sur les animaux. Or, l'expérience démontre qu'en procurant aux espèces sauvages une nourriture plus abondante, un abri mieux clos et une température plus égale, loin de rien enlever à la beauté primitive de ces animaux, on leur ajoute, au contraire, des ornements particuliers. Il en est de même pour l'homme et la femme dans le passage de l'état de nature à l'état de civilisation. La femme surtout, plus sensible que l'homme aux influences extérieures, reçoit alors du milieu nouveau qui agit sur elle, une excitation bienfaisante. N'étant plus exposée aux inclémences de la nature, ni soumise à des travaux exorbitants, ni réduite à des aliments douteux ou malsains, sa constitution s'affermit; les traits de son visage deviennent plus humains et ses membres mieux proportionnés. Si l'on calcule la puissance de causes aussi directes, aussi constantes que le sont la nourriture, le vêtement et l'habitation, on comprendra sans peine comment ces causes doivent agir, dans l'état de société, sur l'économie physique de la femme, pour l'améliorer. Les effets en sont à la vérité lents, mais certains.

Jusqu'ici, rien qui ne soit commun à la femme et aux animaux mâles ou femelles. Les soins apportés aux espèces sauvages ont plus d'une fois contribué à augmenter, chez les unes, l'épaisseur de la fourrure, et chez les autres, l'éclat du plumage, en même temps qu'ils créaient pour toutes des instincts plus étendus. Mais l'espèce humaine ne s'arrête point à ces limites ; il existe pour elle, en dehors des causes physiques, tout un autre ordre d'influences qu'elle subit seule ; nous voulons parler des causes morales. C'est une vérité difficile à faire entendre, mais néanmoins très-certaine, que la chair participe, chez l'homme et la femme, des progrès de l'esprit. L'organisation avance en même temps que l'intelligence, *mens agitat molem*. Le masque humain lui-même suit le mouvement des idées, en sorte que la figure d'une femme, dans une époque donnée, ne serait point celle de la même femme à une autre époque[1].

Un progrès que la civilisation détermine encore chez les individus, c'est la variété. Dans l'état sauvage, les femmes se ressemblent presque toutes ; elles n'ont, pour ainsi dire, qu'une figure[2] ; tandis qu'elles offrent, dans l'état social, un contraste sans borne de nuances diverses. Ce phénomène, lié intimement aux deux phénomènes qui précèdent, se rattache

[1] L'organisation, en ce qu'elle offre de modifiable, est ce que les circonstances extérieures la déterminent à être.

[2] Ce fait a été remarqué de tous les voyageurs clairvoyants.

Il n'est pas sans enseignement de remarquer que, dans ces derniers temps, certains sectaires, partisans aveugles du dogme mal compris de l'égalité, voulaient ramener, autant que possible, tous les hommes et toutes les femmes à n'avoir qu'une même taille et un même visage. Cela leur semblait l'idéal de la civilisation.

Il est curieux, nous le répétons, de voir les efforts que font quelques rêveurs pour ramener, sous prétexte de progrès, l'humanité vers son point de départ.

aux mêmes causes. L'uniformité des femmes dans l'état de nature, et leur variété sous le régime de la civilisation, tiennent en grande partie à ce que les lois de la nature agissent sur les premières également et universellement, tandis que, pour les secondes, leur volonté propre et la volonté de l'homme constituent, unies d'ailleurs à la manière de vivre, une source de différences illimitées. Le travail, la nourriture, les mœurs, toujours les mêmes pour toutes les femmes sauvages, chez nous infiniment variés, modifient de même indéfiniment la constitution du sexe. Enfin, si nous y ajoutons les influences provenant des idées régnantes et en circulation dans le monde, influences réelles quoique inaperçues jusqu'ici, nous comprendrons aisément, par cette multiplicité de causes, les innombrables variétés individuelles que présentent les femmes civilisées.

Mais en même temps qu'il augmente la puissance des causes physiques et morales sur la constitution de la femme, l'état de société diminue, par une suite nécessaire, la puissance des causes naturelles. Quoique les différentes températures et les climats différents exercent bien sur les femmes, chez les peuples modernes, certaines influences sensibles; nous ne craignons pas de le dire, ces influences sont assurément moindres que dans l'état sauvage. Les circonstances locales influent d'autant plus sur un être qu'il est moins intelligent, en d'autres termes qu'il trouve moins en lui-même les moyens de réagir sur ces circonstances et de les neutraliser. Les caractères étrangers qu'on remarque entre les nations modernes tiennent donc, en ce qui regarde les femmes, plutôt à une différence dans la manière de vivre et de penser, à une distinction native des races, qu'à l'action même des causes naturelles, toujours puissantes sans doute, mais dominées, chez les peuples avancés, par des énergies morales plus puissantes encore.

Qui ne voit, en effet que, dans l'état de société, la femme substitue aux influences de la nature, égales pour tous, d'autres influences plus variées? Elle change la température des pays froids en une température artificielle, ordinairement tiède, mais qui n'est point la même pour toutes les maisons. La fortune, le rang, la naissance créent une foule de différences dans la manière dont chacun modifie plus ou moins la nourriture et les autres circonstances du climat. Il en résulte, pour ainsi dire, autant de pays qu'il y a d'individus, les uns, en effet, se procurant le froid sous le ciel du midi, tandis que d'autres achètent la chaleur sous les glaces du nord. Il en est de même pour toutes les autres lois de la nature qui se trouvent de la sorte vaincues, modifiées, interverties, selon les moyens propres à chacun. Ces innombrables nuances d'action sur le monde ambiant constituent, à leur tour, d'innombrables différences dans les causes qui déterminent chez l'individu la forme et la couleur du visage, a disposition des parties cérébrales, le volume de la voix, et généralement toutes les variétés superficielles qu'on remarque chez les hommes et les femmes d'un même pays.

Les variétés augmentent chez les nations civilisées elles-mêmes progressivement, mesure qu'affranchis des lois générales les individus se prononcent davantage dans le sentiment du *moi*. A l'influence des causes naturelles succède, en effet, pour la femme, l'influence des causes sociales, puis la femme arrive finalement à se délivrer des unes et des autres pour constituer, chacune à part, son type absolu, distinct, personnel. L'état de l'art, dans les premiers temps, peut nous servir à éclairer par analogie ce point, l'un des plus obscurs de la science. « Les ouvrages de l'art, dit Winckelmann, ont été, dans leur principe, comme les beaux hommes à leur naissance, informes et ressemblants les uns aux autres, ainsi qu'on voit se ressembler les graines des plantes diverses. » Or, l'art n'est ici que l'expression d'un fait historique. Cette similitude qu'ont entre elles les femmes, dans les premiers âges des peuples, est un effet de la toute puissance des causes sociales qui agissent sur toutes également. Peu à peu, au milieu de ce fond commun, il se forme des groupes, des castes, des classes, et, dans chacune, les femmes prennent une figure relative, en harmonie avec leurs travaux ou leur bien-être. Enfin, lorsque le régime des castes disparaît, et à mesure que la personnalité humaine se dessine de plus en plus nettement, le visage, en même temps, s'individualise. Il y a alors autant de conformations diverses que d'hommes et de femmes.

Ces détails préliminaires, quoique un peu longs, étaient indispensables pour l'intelligence de ce qui va suivre. Nous comprendrons maintenant la femme comme un être perfectible, non-seulement au moral, mais encore au physique. L'organisation des créatures animées est semblable, sous ce point de vue, à l'organisation de la plante, chez laquelle une culture suivie avec constance amène un progrès d'abord, et ensuite une incalculable variété. Jusqu'où l'art de l'horticulteur n'a-t-il point poussé ses miracles en suspendant, pour les plantes, les lois de la nature, et en substituant à ces lois des conditions nouvelles? Certaines fleurs ont complètement changé de coloration; d'autres, jusqu'ici inodores, ont inventé un parfum, phénomène assez semblable, dans son genre, à celui d'un animal muet, depuis le commencement du monde, qui acquerrait un jour la parole; car le parfum est la parole des fleurs. Or, l'influence de la culture sur les plantes peut être comparée, sous tous les rapports, à l'influence de l'état social sur la femme; elle les civilise en quelque sorte; de là l'épithète de sauvages pour désigner certaines plantes qui n'ont point subi, dans leur croissance, la main bienfaisante de l'homme.

Il nous reste encore une vérité physiologique à établir, c'est que ces progrès, chez la plante comme chez l'animal, chez l'animal comme chez l'homme et la femme, sont transmissibles. Les caractères nouveaux dont la culture revêt la plante, ceux dont la domestication enrichit l'animal, ceux également dont l'état de société orne la femme, se perpétuent, par voie de génération, dans leurs descendants. La semence des uns et des autres porte avec soi le germe des développements accomplis, en même temps que de ceux qui restent à accomplir. Le père et la mère transmettent donc immuablement[1] à l'enfant une

---

[1] Les arrêts de développement que rencontrent de temps en temps certains individus nés de familles cultivées, arrêts motivés par des causes exceptionnelles qu'il est souvent facile de saisir, ne sauraient rien prouver contre la justesse de la loi en général.

organisation accrue de tous les progrès qui se sont effectués depuis le commencement du monde, dans la mesure, d'ailleurs, où ils partipent eux-mêmes à ces progrès. Ce fait immense, qui trouvera plus tard son application à l'histoire de la femme, doit rehausser encore à nos yeux l'importance des fonctions sociales que celle-ci remplit dans l'œuvre de la génération. La femme est le moule organique du progrès. Son devoir est de se perfectionner sans cesse pour communiquer aux enfants qui naîtront d'elle les éléments d'une perfection plus grande encore.

Voilà donc une vérité acquise à nos recherches et pouvant servir désormais à les diriger, c'est que l'organisation de la femme est progressive. Elle n'est point aujourd'hui ce qu'elle était au commencement, ni ce qu'elle sera un jour. Sans altérer absolument ce type primitif, ces changements le développent, l'améliorent et tendent à réaliser de plus en plus l'idéal que Dieu s'est fait de la femme en la créant pour servir de compagne et de société à l'homme.

ORIGINE DE LA FEMME.

Humanité. — Séparation des sexes. — Homme et femme. — État d'innocence. — Initiative de la femme dans la connaissance du bien et du mal. — Suites de cette connaissance.

L'origine de la femme nous reporte naturellement à l'origine de l'humanité.

Nous n'avons, pour éclairer nos recherches dans un passé si obscur, qu'une science encore naissante[1], et un peu de tradition écrite par Moïse.

[1] La géologie, qui retire chaque jour des terrains récents les restes enfouis d'une création presque contemporaine de l'homme, jette déjà quelques lumières sur l'état de notre planète à l'apparition de son dernier né. L'embryogénie, par les évolutions de l'animal et de l'homme en particulier durant la vie intra-utérine, nous met sur la trace des évolutions propres au globe terrestre tout entier. La même science, par la même voie de relations, nous fournit quelques renseignements sur l'état psychologique de l'humanité durant la

L'humanité ne fut guère, à l'origine, que le germe de ce qu'elle est aujourd'hui. Pourvue seulement de certaines sensations obtuses et sourdes, engloutie dans la nature, elle traîna, à l'ombre des forêts peuplées de bêtes fauves, une sorte d'existence fatale et indistincte, dont les Amadryades, ces êtres-arbres des anciens, nous offrent sans doute quelque vague souvenir.

Au commencement, la femme différait peu de l'homme. Les médecins n'ignorent point que les enfants en venant au monde donnent souvent lieu de même à une certaine hésitation sur la nature de leur sexe[1]. Au bout de quel-

période primitive, alors que l'homme vivait enveloppé dans la nature, comme l'enfant dans les organes de sa mère. C'est à l'aide de ces analogies que, malgré l'absence de tous monuments historiques, l'homme parviendra à renouer le fil de ses connaissances entre son état présent et l'état de ces races humaines aujourd'hui perdues, dont il est séparé par tant de révolutions et de siècles.

[1] L'histoire de l'art, quand elle sera faite avec intelligence, pourra contribuer à jeter une grande lumière sur l'état primitif de la création et de l'humanité. L'art répète, en effet, dans son développement le développe-

ques semaines, de quelques mois, souvent de quelques années, quoique les organes génitaux se soient prononcés irrévocablement, on retrouve encore dans tout l'ensemble de la constitution mâle ou femelle une remarquable homogénéité. La langue elle-même semble avoir consacré cette sorte d'hermaphrodisme dans le mot enfant, qui est à la fois des deux genres. L'homme et la femme, dans le premier âge, semblent presque appartenir au même individu, quoique chacun renferme déjà en soi le germe d'une séparation prochaine. Le caractère, à part quelques nuances fugitives, ne diffère pas non plus sensiblement. Cette similitude vague entre les enfants des deux sexes traduit donc chaque jour éloquemment sous nos yeux ce verset de la Genèse : *Masculum et fæminam creavit eos.*

ment même de toute la nature. C'est ainsi que les premières statues furent, dans l'origine, des pièces de bois grossièrement taillées, sans aucune indication de sexe. Cet état incertain de l'individu représenté peut nous fournir l'idée d'un état sexuel pareillement équivoque dans les premiers temps de la naissance de l'homme sur la terre,

L'homme et la femme n'offrant encore qu'un couple mal défini de deux individus à peu près semblables [1], il paraissait que

[1] Nous n'entendons pas dire pour cela, comme on l'a répété dans ces derniers temps, que l'homme fut primitivement hermaphrodite. Platon est l'inventeur de l'androgyne, c'est-à-dire de l'homme-femme; mais dire que l'homme ait pu se reproduire, pendant un temps, à la manière des zoophytes et même de certains mollusques, ce serait peu tenir compte des impossibilités matérielles, insurmontables, que la nature oppose chez les animaux supérieurs à une telle conformation

La confusion des sexes est l'état ordinaire des parties génitales chez les plantes et chez les animaux inférieurs. L'homme, destiné à traverser successivement la création tout entière, passe lui-même, durant la vie intra-utérine, par des conditions pareillement humiliantes. Les physiologistes savent que, pendant les premiers temps de la grossesse de la femme, l'embryon ne présente aucune trace de sexualité. La nature, s'il nous est permis d'emprunter les termes de M. Isidore Geoffroy-Saint-Hilaire, ne s'est point encore prononcé; l'individu est à volonté mâle ou femelle. Mais cet état primitivement indécis et pour ainsi dire hermaphroditique de l'embryon ne pourrait jamais être invoqué que comme une image, un peu forcée d'ailleurs, et non comme l'analogue de ce qui se passe au coml'homme existât seul. De là sans doute l'interprétation fausse donnée au récit de la Bible et en vertu de laquelle Adam aurait été

mencement pour l'humanité confondue dans le sein de la création terrestre.

La monogénie, ou reproduction solitaire, étant le propre des espèces inférieures, de ces êtres aveugles et sourds, masses de matière animée, pourvues seulement d'une cavité digestive, les animaux s'écartent de cet état simple à mesure qu'ils s'élèvent sur l'échelle zoologique. L'homme, le premier de tous, est celui chez lequel la sexualité est empreinte le plus profondément, d'abord dans les organes même de la génération, et ensuite dans tous les tissus; en sorte que le mâle et la femelle du genre humain ne sont pas tels seulement par un endroit, mais par l'ensemble de leur constitution tout entière. Nous devons toutefois faire observer que le sexe se prononce chez les races humaines elles-mêmes à divers degrés, selon que ces races sont plus ou moins civilisées. Chez les sauvages le mâle s'écarte peu de la femelle.

Nous avons été confirmé dans l'existence de cette loi naturelle par les bonnes et judicieuses observations de M. Jules Verreaux, jeune voyageur intrépide, qui a séjourné quinze ans en Afrique, parmi les Hottentots et les Cafres. Interrogé par nous si les femmes ressemblaient beaucoup aux hommes : « C'est presque la même chose, nous répondit-il. »

créé avant Ève, le premier homme avant la première femme.

Le genre humain a passé comme l'individu par un état d'enfance et de débilité. L'homme et la femme, enveloppés en quelque sorte l'un dans l'autre, ne formaient pour ainsi dire alors qu'un seul être et un même sexe; mais ce premier âge devait finir.

Dieu envoya un sommeil dans Adam; *Immisit Deus soporem in Adam.* Par cet état d'engourdissement et de torpeur, Moïse entend sans doute l'âge d'enfance de l'humanité; pour l'enfant comme pour le sauvage, la vie n'est, à proprement parler, qu'un sommeil.

« Or, pendant qu'il dormait, continue le texte, Dieu prit une côte (à Adam), mit de la chair à sa place, et Dieu forma la côte qu'il avait prise d'Adam en une femme, et il l'amena à Adam. » Il est difficile d'offrir sa pensée sous un voile plus transparent. Moïse nous enseigne par cette côte tirée d'Adam, que la femme contenue pour ainsi dire jusque là dans l'homme, avec lequel, au moral et jusqu'à un certain point physiquement, elle ne formait qu'un même être, la femme, disons-nous, avec le temps et sous l'influence divine qui préside à tous nos progrès, *Deo volente*, se détache de l'homme[1].

Au reste, ce phénomène de la division des sexes se renouvelle encore chaque jour sous nos yeux dans l'individu. Deux enfants du même âge, l'un mâle, l'autre femelle, sont élevés ensemble depuis leur naissance. Aucune différence sensible ne se fait d'abord remarquer dans chacun d'eux ; «ils ont à peu près le même air, la même délicatesse d'organes, la même allure, le même son de voix. Assujétis aux mêmes fonctions et aux mêmes besoins, souvent confondus dans les mêmes jeux dont on amuse leur enfance, ils n'excitent dans l'âme du spectateur aucun sentiment particulier qui les distingue. » C'est, pour ainsi dire, le même enfant sous deux figures différentes. Mais cet état équivoque ne subsiste

[1] Ceci, loin de sortir des lois, rentre au contraire dans la marche régulière de la nature ; elle commence par confondre, ensuite elle distingue. Le développement, chez les êtres organisés, n'est la plupart du temps que l'isolement de parties jusque-là liées ensemble.

pas longtemps ; « l'homme prend bientôt des traits et un caractère qui annoncent sa destination ; ses membres perdent cette mollesse et ces formes douces qui leur étaient communes avec ceux de la femme ; les muscles tendent à donner à chaque organe une forme décidée ; ce n'est plus bientôt le même individu. La teinte rembrunie de son visage, et sa voix devenue plus grave et plus forte, annoncent en lui un surcroît de vigueur nécessaire au rôle qu'il va jouer [1]. » Au moral, le changement n'est pas moins profond et la division moins nette. Le caractère de chacun s'empreint pour ainsi dire de sexualité, au point que les mêmes goûts, les mêmes inclinations, les mêmes instincts qui nous plaisent chez l'un, nous choquent et nous affectent désagréablement chez l'autre. Il survient, en un mot, ce qui eut lieu dans l'origine pour l'humanité, une véritable individualisation des sexes.

Si maintenant l'auteur de la Genèse se sert de cette image d'une côte extraite d'Adam,

[1] Système physique et moral de la femme, par Roussel.

c'est pour nous établir solidement dans cette doctrine, que la femme est bien de même nature que l'homme, faite de la même chair et des mêmes os, primitivement une sorte d'homme-femelle, d'où l'expression latine *virago*, que le docteur Martin a traduite en français par *hommesse*. Mais l'homme et la femme, partis du même point, arrivent ensuite à former deux individus distincts quoique faits pour s'unir étroitement l'un à l'autre. Voilà comment Ève, qui représente la femme, a été, en quelque sorte, tirée du flanc d'Adam, qui est l'homme.

Il nous reste à dire pourquoi cette distinction des sexes a été prise pour une création. La raison en est simple et se devine de soi-même. La connaissance que la femme acquiert de sa nature à part de l'homme, constitue pour elle une véritable naissance.

Les termes de la Bible ont bien pu prêter en outre à l'équivoque. Moïse, pourtant, ne dit point que la femme n'existait pas au commencement, mais qu'elle n'existait pas à l'état d'aide, de compagne, d'auxiliaire de l'homme, *adjutorium*. Il est dit encore que l'homme était seul ; et en effet il ne trouvait dans la femme qu'un être semblable ou peu différent de lui-même. Or, il n'y a d'union profonde qu'entre des êtres semblables, mais distincts. Aussi-bien, voyez ce qui se passe chez les enfants des deux sexes : « Indifférent et isolé, chacun d'eux ne vit encore que pour lui-même ; leur existence purement individuelle et absolue ne laisse encore apercevoir aucun des rapports qui doivent dans la suite établir entre eux une dépendance mutuelle[1]. »

L'homme et la femme primitifs ne devaient former de même qu'un tout homogène mal fait pour s'entendre ; l'union entre les êtres intelligents se fonde sur ce qu'ils ont de commun et sur ce qu'ils ont de différent, souvent même d'opposé.

Voilà donc à quoi se réduit cette prétendue création de la femme tirée d'une côte d'Adam, à un simple progrès des sexes ; la femme se reconnaît pour ce qu'elle est réellement, distincte de l'homme et faite pour s'unir à l'homme.

Moïse se hâte d'ajouter un détail précieux en ce qui touche l'état de nos premiers an-

[1] Système physique et moral de la femme, par Roussel.

cêtres : « Ils étaient nus l'un et l'autre, Adam et sa femme, et ils ne rougissaient pas encore. » Malgré la séparation de l'homme et de la femme, l'état d'innocence continuait. Cette innocence du genre humain primitif est celle de l'enfant ou du sauvage qui ne rougissent pas de leur nudité, quoique déjà leurs organes et leur caractère aient revêtu les empreintes définitives du sexe.

Ce qui suit dans le texte génésiaque sort tout à fait du sujet qui nous occupe. Nous en tirerons seulement ce qui regarde la femme[1].

Le serpent engage avec Ève un dialogue ténébreux. Qu'est-ce d'abord que ce serpent ? C'est la création. Les anciens figuraient l'univers des choses, *rerum universitas*, sous la forme de ce reptile recourbé, qui, par ses changements de peau, représente les métempsycoses de la nature. La femme cause donc familièrement avec ce serpent ; c'est en effet du monde extérieur que nous recevons,

---

[1] M. Lamennais, dans son magnifique livre *Esquisse d'une philosophie*, a expliqué la suite du récit de Moïse, en ce qui regarde l'homme, avec une profondeur d'esprit incomparable : nous y renvoyons.

dans l'état d'enfance, nos premières sensations, et par suite nos premières pensées. La femme, douée de plus de curiosité que l'homme, et d'une sensibilité plus prompte, reçoit la première les impressions du milieu qui l'excite. De là ce caractère d'initiative qui se retrouvera plus tard dans toute l'histoire de la femme : elle voit avant l'homme. Chez les individus, les enfants appartenant au sexe féminin sont plus avancés que les enfants mâles du même âge. De même dans l'enfance générale de l'espèce, la femme devait arriver plutôt que l'homme à l'âge de raison de l'humanité.

La raison naissante de la femme cherche à démêler le bien du mal. C'est en effet le premier exercice de tout être intelligent. La conscience en travail se joint à la raison pour séparer, dans l'ordre moral, la lumière d'avec les ténèbres. La femme avance en tremblant dans cette connaissance; elle craint qu'une menace de mort ne soit cachée dans ce progrès; elle interroge la nature, et la nature lui répond : Non, vous ne mourrez nullement pour cette cause, mais vos yeux s'ouvriront et vous serez semblable à Dieu.

Encouragée par cette promesse, la femme étend la main vers le fruit de la science. « Donc voyant que l'arbre était bon à manger, et qu'il était agréable à la vue, et que cet arbre était désirable, Ève prit du fruit et en mangea, et elle en donna aussi à son mari qui était avec elle, et il en mangea. »

Sans accepter les interprétations basses et ordurières qu'on a données de ce verset, il est cependant difficile de nier qu'il ne se mêle à cette recherche de la science une certaine teinte voluptueuse qui est bien dans la constitution de la femme. La femme pense pour ainsi dire avec ses sens. Aussi, voyez par quelles voies elle est attirée à la connaissance du bien et du mal, la curiosité (*cur* pourquoi?), l'orgueil (*eritis sicut dii*), et enfin le sentiment de la beauté, si vif chez la femme (*oculis pulchrum*), mêlé à un instinct sensuel (*bonum ad vescendum*); l'esprit s'ouvre chez elle par tous les penchants de sa nature.

Un autre spectacle non moins digne d'intérêt, c'est le rôle passif que joue l'homme dans cette conquête de la science. Il se laisse conduire pour ainsi dire par la main. Ce n'est que lorsque la femme a cueilli le fruit de l'arbre et en a mangé, qu'il se décide lui-même à en manger après elle. Le caractère d'inspiration attribué par Moïse à la femme se retrouve dans toutes les mythologies anciennes.

Les neuf muses des Grecs ne sont, comme l'Ève de la Bible, que des conseillères de l'homme ; elles l'attirent doucement aux œuvres de la science et de l'art qui sont les fruits de l'esprit. Les femmes inspirent l'amour, et le même mot chez les Latins signifiait aimer et savoir [1].

« Et leurs yeux furent ouverts, continue la Bible, et ils connurent qu'ils étaient nus. » N'est-ce pas ici un trait charmant qui révèle tout l'esprit de cette histoire? Deux enfants élevés ensemble aux Antilles, comme le frère et la sœur, n'éprouvent d'abord aucun embarras à paraître l'un devant l'autre sans vêtements ; ils courent nus par les bois et les espaces sauvages, sans s'apercevoir même de cette nudité ; mais à l'âge où l'esprit commence à débrouiller dans ses ombres les premières

[1] *Sapere.*

leurs du sens moral, ils commenceront à rougir de cet état et à couvrir, comme Adam et Ève, les parties trop notables de leur sexe sous de longues feuilles de figuier cousues ensemble, *cousuerunt folia ficus.*

Ce n'est qu'après avoir cédé au désir de savoir que le premier homme et la première femme éprouvent en présence l'un de l'autre cette sainte rougeur qui nous sépare des animaux. La femelle, chez les animaux, oppose bien, en effet, surtout dans quelques espèces, une résistance aux agressions et aux caresses du mâle; mais cette résistance intéressée, destinée, selon les vues de la nature, à exciter d'autant les organes générateurs, ne saurait nous offrir rien de semblable à ce qui se passe chez l'être intelligent. Il était réservé à la femme d'élever cet instinct à l'état de sentiment, et d'en faire la pudeur, l'un des plus beaux attributs de l'humanité.

Ce qui suit dans le texte est encore une fois enveloppé de ténèbres. Cette obscurité a sans doute donné lieu au dogme catholique de la déchéance, selon lequel la femme serait l'auteur de tous nos maux.

Un grand abattement succède chez Adam et Ève à l'acte moral qu'ils viennent de commettre. Ils ont voulu savoir, et maintenant ils sont tristes. Qui ne voit dans cet état languissant la réaction naturelle qui suit toutes les grandes tentatives de l'esprit? Il n'y a pas là de châtiment, il y a une loi de l'organisation humaine qui, faible et bornée, ne peut fixer longtemps le soleil ni la vérité sans que l'ombre succède pour elle à la lumière.

La femme a d'ailleurs appris des choses qui l'affligent, quoique naturelles en elles-mêmes et inévitables; elle sait, par exemple, que désormais elle enfantera avec douleur, *in dolore paries fillos*. Mais cet accouchement laborieux, est-ce une punition? est-ce un progrès? Les femelles des animaux mettent au monde leurs petits avec infiniment moins de travail que la femelle de l'humanité. Quelques-unes même, dans certaines espèces peu élevées, n'éprouvent aucune angoisse. La Providence a voulu que la naissance de l'homme, ce chef-d'œuvre de la création, fut le fruit d'un labeur particulier. Distinction douloureuse mais honorable, puisque l'on peut appliquer à cette naissance l'idée du poète latin :

> Tantæ molis erat *humanam* condere gentem [1].

Enfin, cette douleur même constitue pour la femme une véritable supériorité. C'est le cas d'appeler ici à notre secours cette sublime pensée de Pascal : « L'homme est si grand que sa grandeur même paraît en ce qu'il se connaît misérable : un arbre ne se connaît pas misérable. » Nous dirons de même qu'il y a quelque grandeur pour la femme à se sentir souffrir dans l'acte de la production ; les autres êtres exécutent cet acte mécaniquement, sans douleur ou avec des douleurs dont ils n'ont pas la conscience ni le mérite. La femme

---

[1] Faut-il remarquer encore qu'à mesure que les races humaines s'élèvent, les fonctions de l'accouchement deviennent plus pénibles pour la femme. Nous avons entendu dire au savant M. Serres que les négresses accouchaient très-aisément, circonstance qui provient chez elles de la forme du bassin et de l'élasticité des tissus.

M. Jules Verreaux a également trouvé que, chez les sauvages, les femmes se délivrent elles-mêmes, presque sans aucuns secours étrangers.

souffre, mais elle se comprend et se glorifie dans sa souffrance : là est le progrès.

Le langage lui-même a consacré cette différence : les animaux mettent bas, la femme enfante. Ève crée, pour ainsi dire, dans le monde une maternité nouvelle, comme l'homme invente, de son côté, une mort qui lui est propre, *morte morieris*.

Où donc, dans tout cela, est le châtiment? Nous n'y voyons qu'une conquête morale[1]. En effet, suit aussitôt cette promesse et non cette menace que la femme mettra son talon sur la tête du serpent. C'est par la dignité de mère que la femme surmonte définitivement les animaux : ses petits à elle sont des enfants.

Enfin, ce fruit cueilli par la femme à l'arbre de la science du bien et du mal, est à la fois amer et doux; car si les souffrances de l'accouchement l'effrayent, la suite doit la rassurer. « Lorsqu'une femme enfante, dit Jésus-

---

[1] L'Eglise, qui est l'auteur du dogme de la déchéance, semble avoir eu elle-même le pressentiment de cette vérité, lorsqu'elle a nommé la désobéissance de l'homme une faute heureuse, *fœlix culpa*.

Christ, elle est dans la tristesse parce que son heure est venue ; mais lorsqu'elle a enfanté un fils, la joie qu'elle a de ce qu'un homme est né dans le monde lui fait oublier ses douleurs. » Cette souffrance n'est donc qu'un passage ; la plus noble fonction de la nature, à laquelle la femme imprime encore le sceau de l'humanité, ne saurait donc être pour elle un châtiment. La femme, jusqu'ici, ne déchoit ni ne recule : elle avance.

Faut-il voir maintenant une clause pénale dans cet autre verset : « Vous serez sous la puissance de l'homme et il vous dominera. » Au fond, il n'y a rien là dedans qui doive affliger la femme ni lui sembler une punition. Cette domination de l'homme, tout injuste qu'elle soit dans ce qu'elle a surtout de dur et d'excessif, n'est que la forme primitive du mariage. Or, le mariage, loin d'être pour la femme un mal, une servitude, est au contraire, pour elle, la source de tout bien et de toute liberté dans l'avenir.

Cette dépendance crée d'ailleurs, pour la femme, un nouveau motif d'orgueil, en ce qu'elle la distingue encore du reste de la création ; les animaux s'accouplent ; l'homme et la femme s'unissent.

Ne cherchons donc plus dans le texte de la Genèse un dogme ténébreux, mais une simple histoire des commencements de l'humanité. Du haut de ce point de vue tout y devient raisonnable et instructif. La femme confondue d'abord avec le mâle, s'en détache : voilà son premier pas. Elle arrive ensuite à reconnaître son rôle dans la division des sexes, rôle qui consiste pour elle à perpétuer la race et à s'unir à l'homme. Tout le travail de la civilisation que nous allons suivre à présent ne sera qu'un développement de ce récit. Le progrès contribuera de plus en plus à prononcer les sexes, en même temps qu'il fondera pour la femme les droits du mariage sur les devoirs de la maternité.

HISTOIRE DE LA FEMME.

Esclavage. — Polygamie. — Monogamie. — Droits civils.

Ce que l'homme chercha dans la femme, ce fut d'abord une esclave, ensuite un instrument de reproduction, puis un objet de plaisir, et enfin une compagne. De là quatre états dans la destinée de la femme, ou, pour mieux dire, quatre âges bien distincts que nous allons parcourir successivement.

Si nous continuons à suivre dans la Bible le récit des temps primitifs, nous rencontrerons, après l'histoire d'Adam et d'Ève, celle de Caïn et d'Abel : « Or, Caïn dit à Abel, son frère : Sortons dehors, et comme ils étaient aux champs, Caïn s'éleva contre Abel son frère et le tua. »

Ces deux frères représentent les deux moitiés du genre humain. Dans Abel, nature réveuse et pastorale, dans ce beau corps blanc et mou, comme nous le figurent les peintres sur leurs tableaux, Moïse personnifie l'élément femelle; dans Caïn, au contraire, nature d'action, couleur fauve, membres robustes, l'auteur de la Genèse personnifie l'élément mâle. Or, une lutte ne tarde pas à s'engager entre Caïn et Abel, la force et le droit. Les suites de cette lutte ne pouvaient alors être douteuses; l'élément mâle triomphe et abat l'élément femelle sous ses pieds : Caïn tue Abel.

Cet envahissement du plus fort avait en effet tout le caractère d'un meurtre. La femme fut tuée dans ses biens, dans sa liberté, dans tout son être; l'homme prit violemment possession[1] d'elle; il la supprima en quelque sorte du monde pour y régner seul et sans partage.

Toutes les anciennes histoires sont d'accord sur ce point avec la Bible pour nous représenter la femme dans un état d'esclavage et d'abrutissement complet avant l'origine des so-

---

[1] Caïn en hébreu vient de kanah, qui signifie possession.

ciétés[1]. Aujourd'hui même, la vie des peuples sauvages, qui n'est qu'une suite et une continuation de la vie des premiers humains dans l'état de nature, nous offre partout la femme en puissance de l'homme, *sub potestate viri.*

Reléguée dans un coin de la hutte, comme un être étranger à l'espèce, réduite pour tout le reste au rôle des animaux domestiques, elle sert l'homme comme le chien sert son maître, sans même en obtenir une caresse ou une légère flatterie pour prix de ses services. Simple ustensile de ménage, simble chose, elle appartient tout entière à l'homme qui s'en débarrasse quand elle commence à lui déplaire. Dans certaines tribus, toutes les femmes appartiennent au chef qui les vend à ses sujets. Chez plusieurs peuples de l'antiquité, encore plongés par cet endroit dans l'état sauvage, la femme était de même la propriété de l'homme[2].

[1] Horace a résumé ces traditions primitives du genre humain dans sa troisième satire.

[2] En Assyrie, dans les premiers temps, on vendait à l'enchère les plus belles filles ; on offrait ensuite une somme à qui voulait prendre les laides au rabais.

Les voyageurs qui ont le malheur d'apporter avec eux les préoccupations de notre état social et de voir avec des yeux européens, ont quelquefois cru découvrir le mariage chez les peuples à l'état de nature ; mais les observateurs plus consciencieux [1] conviennent que ce mariage n'existe pas. Les rapports entre les deux sexes ne s'éloignent guère d'une promiscuité aveugle [2]. L'élan bestial, qui, selon le poète latin, portait les premiers hommes sur les premières femmes, est encore aujour-

[1] M. Jules Verreaux, auquel nous avons soumis nos doutes à cet égard, les a pleinement confirmés. Il est également facile de voir que, dans les relations de voyages, les auteurs, après nous avoir annoncé un mariage régulier chez les peuples qu'ils visitent, ne tardent pas à se contredire en nous présentant, quelques pages plus loin, ces mêmes peuples abandonnés à tous les hasards du concubinage.

[2] Nous retrouvons même des traces de la communauté primitive des femmes chez certains peuples de l'antiquité, voisins de l'état de nature. Strabon rapporte que dans le pays des Mèdes, pays de montagnes, où le penchant à la luxure devait être très-prononcé, les hommes étaient obligé d'entretenir sept femmes, et qu'une femme, pour n'être point méprisée, devait avoir au moins cinq hommes.

d'hui la seule loi qui détermine l'union des sexes chez les peuples demeurés à l'état d'enfance. La force est toujours le moyen dont les mâles se servent pour réduire leur femelle étourdie et tremblante. « La jeune fille, dit Dumont-Durville [1], est ravie en l'absence de ses protecteurs. Le barbare alors l'étourdit à coup de casse-tête sur la tête, les épaules, la gorge et toutes les parties du corps, et chacun d'eux fait jaillir un ruisseau de sang ; la saisissant ensuite par un bras, il l'entraîne au travers des bois, des pierres et des troncs d'arbres, avec toute la violence et la vitesse dont il est susceptible. L'amant ou plutôt le ravisseur ne fait aucune attention aux rochers ni aux morceaux de bois qui peuvent se trouver sur sa route, et ne songe qu'à traîner sa proie au milieu des siens. Là il assouvit sa passion, et la fille, ainsi violée, devient la femme de son ravisseur. »

Cette féroce appropriation de la femme ressemble bien, il nous paraît, à l'impétuosité du taureau sur la génisse, *ut in grege taurus*,

[1] Voyage de la corvette l'Astrolabe.

ou mieux encore à l'effort du lion amoureux quand il imprime sa griffe sur le front sanglant de la lionne.

Les premiers hommes n'avaient de même, selon la tradition ancienne, aucune idée de devoir dans l'accouplement des sexes. Ils promenaient leurs désirs incertains, *incertam venerem*, à travers le troupeau des femmes, violant celles que le hasard et le rapt mettaient en leur possession, dédaignant les autres. Plus tard, nous retrouvons la communauté des femmes, restreinte seulement par certaines convenances de rang et de famille, en usage chez des peuples à l'état de société, mais de société naissante [1].

Deux jeunes voyageurs, MM. Combe et Tamisier, qui ont parcouru l'Abyssinie et le

---

[1] César nous apprend des Bretons de la Grande-Bretagne, qu'ils se réunissaient à dix ou douze pour avoir des femmes communes entre eux ; les frères les partageaient avec les frères et les pères avec leurs enfants.

Uxores habent deni duodenique inter se communes et maxime fratres cum fratribus et parentes cum liberis. (Bell. gallic., l. 5, c. 14.)

pays des Gallas, remarquent que la langue amarrha, qui est la langue de ces peuples adolescents, n'a pas de termes pour flétrir une prostituée ; d'où l'on peut conclure que la prostitution est l'état naturel des femmes chez les tribus abyssiniennes, comme elle l'est à plus forte raison chez les tribus sauvages[1].

Les Hottentots nous offrent le même spectacle de mœurs. Le voyageur Levaillant a visité l'Afrique avec les préjugés du dernier siècle sur l'excellence de l'état de nature ; il faut, en conséquence, se défier de ses jugements. Il résulte toutefois de son livre, que

[1] « Plusieurs, dit Dumont-Durville, en parlant des naturelles de Houa-Houa, prodiguèrent leurs faveurs indistinctement aux officiers et aux matelots, moyennant toutes sortes de bagatelles ; mais il était bon d'être sur ses gardes, car les belles, fidèles à leurs anciennes habitudes, non contentes des tributs volontaires qu'on leur accordait, y ajoutaient tout ce qu'elles pouvaient dérober. »

On sera peut-être étonné de retrouver chez ces femmes les habitudes rapaces de nos prostituées ; cet étonnement cessera si l'on veut bien relire ce que nous avons écrit dans les *Vierges folles*, que la prostitution est une suite de l'état de nature et non un effet de la civilisation.

lo mariage n'existe pas chez les Hottentots, et que, dans le cas où il se montre, ce n'est qu'une simple cohabitation, fondée sur des raisons de convenance ou d'utilité mutuelle[1].

Du reste, le même voyageur nous enseigne assez clairement que la seule loi morale des peuples arriérés est le caprice de la nature[1] :

« Ils prennent, dit-il, autant de femmes qu'ils veulent, c'est-à-dire en proportion de leur tempérament; ce qui réduit ordinairement le besoin à une seule. » Si donc nous voyons

[1] Les deux individus unis par une promesse qui n'est pas obligatoire « se construisent un logement, ils en prennent possession le jour même pour y vivre ensemble autant de temps que l'amour entretiendra chez eux la bonne intelligence; car s'il survient quelque différent dans le ménage qui ne puisse s'appaiser que par la séparation, elle est bientôt prononcée; on se quitte, et chacun cherchant fortune ailleurs, est libre de se remarier. »

T. II, p. 59.

« Il est certain, dit encore M. Dumont-Durville, en parlant des naturels de la Nouvelle-Zélande, que les filles, tant qu'elles ne sont point mariées, peuvent accorder leurs faveurs à qui leur plaît; aucune idée de crime n'est attachée à leurs galanteries, pourvu que les convenances soient observées. »

les hommes et les femmes vivre quelquefois, chez les peuples sauvages, sous une apparence de monogamie, cela tient uniquement aux appétits bornés de leur nature faible et impuissante[1] ; car autrement ils ne se gênent point pour pratiquer, comme chez les Caffres, « plusieurs épousailles, qui se font, dit l'auteur, à la sourdine. »

La promiscuité, ou un état voisin également honteux, tel est donc le point d'où l'humanité est partie. Il semble que les anciennes religions aient eu à cœur de conserver le souvenir de cette confusion primitive, en introduisant la prostitution dans les temples [2].

[1] C'est encore une erreur généralement admise que d'attribuer aux peuples, dans l'état d'enfance, une grande puissance vénérienne. Il est maintenant prouvé que la domestication double les forces prolifiques de l'individu chez les animaux ; la civilisation produit sur l'homme le même effet.

[2] A Babylone, selon Hérodote et Strabon, chaque femme était obligée par la loi de se prostituer une fois à quelque étranger dans le temple de Mélitta ou de Vénus. L'étranger auquel la femme s'abandonnait par dévotion devait dire, en lui donnant quelque pièce de monnaie : la déesse Mélitta vous soit favorable !

D'où une pareille coutume aurait-elle tiré un caractère solennel sinon de l'ancienne tradition qui y était attachée : l'humanité aime à envelopper ses commencements dans la nuit du culte.

Si nous interrogeons les peuples primitifs sur le chapitre de la décence, nous trouverons également les hommes et les femmes dans une ignorance complète à cet égard. Aucun cynisme de langage ne les effraie. Ils vont nus ou presque nus[1]; la même hutte rassemble, pendant la nuit, les enfants des deux sexes, pêle-mêle à côté de leurs parents découverts, comme la même étable met à couvert les mâles et les femelles d'un même troupeau[2].

[1] Les femmes couvrent leurs parties génitales d'un court tablier : encore cette coutume souffre-t-elle quelques exceptions.

[2] Le voyageur Levaillant nous donne la mesure de leur retenue devant les étrangers, quand il nous dit : « Il n'était sorte d'agaceries auxquelles elles ne se livrassent devant leurs hommes pour m'attirer dans leurs piéges ; et ceux-ci n'étaient peut-être scandalisés que de la froideur avec laquelle je paraissais recevoir ces caresses. »

C'est peut-être le lieu de rapporter une observa-

On devine quel doit être le sort de la femme dans un tel état de choses, qui, donnant libre cours aux passions les plus brutales, favorise immodérément la puissance de l'être fort sur l'être faible. L'homme est le tyran absolu de la femme qui, tremblante et muette, accepte en naissant une domination sans réserve. Chez les tribus les plus sauvages, les hommes guerriers ou chasseurs abandonnent à la femme les rudes travaux du ménage et de l'industrie. Cueillir des racines, conduire le bois d'un côté du fleuve à l'autre sur des pirogues, labourer la terre[1], tel est le partage du sexe le moins robuste.

tion faite à Paris dans les maisons de débauche. Les maîtresses de ces établissements ont remarqué que les filles négresses n'éprouvaient, dans l'exercice de la prostitution, aucune de ces répugnances, et ne gardaient tout d'abord aucune de ces retenues qui, dans les commencements surtout, distinguent les filles de race blanche; couchée presque tout le jour pour servir à d'indignes plaisirs, la négresse semble, pour ainsi dire, *le substratum* naturel de l'homme.

[1] Chez les Germains mêmes nous voyons la femme primitivement esclave, absorbée par les soins de la maison, courbée sur le champ qu'elle cultive, attachée

Loin de reconnaître ces services par des égards et de bons traitements, l'homme affecte, dans l'état incivilisé, de mépriser la femme comme si tous les maux lui étaient dûs. La malheureuse, exténuée de fatigues, déformée par les rudes travaux, est encore la plus mal nourrie; elle ramasse à peine les restes de son maître [1].

à la glèbe, tandis que l'homme, être fort, passe sa vie à ne rien faire : « *Fortissimus quisque... nihil agens delegatâ domus et penatum et agrorum curâ fœminis...*

Voici un exemple de la paresse des hommes chez les aborigènes de la Nouvelle-Hollande : « Les femmes font tout l'ouvrage et sont faites pour porter tous les fardeaux. Les hommes sont extrêmement indolents et font porter à leurs femmes jusqu'à leurs armes. Les pauvres créatures ont généralement de grands sacs ou de grandes poches suspendues à leurs épaules, dans lesquels les hommes logent tout ce qui leur est nécessaire. En outre, elles portent leurs jeunes enfants suspendus derrière leur dos. (*L'Australien*, 14 octobre 1820.)

[1] « Dans tous les cas, dit Dumont-Durville, j'ai observé que les hommes se servent les premiers, puis les femmes et les enfants prennent ce que les hommes ont laissé. »

Nous pourrions citer bien d'autres exemples du

L'état physique des femmes dans l'état de nature se ressent du peu de goût qu'elles inspirent aux hommes et du labeur exorbitant auquel leur frêle constitution est soumise. Tous les voyageurs s'accordent à nous les représenter courbées en deux, inclinées vers la terre, dans leur démarche pesante, par le poids de l'habitude et de leurs maux.

Le moral de ces pauvres créatures est au niveau de leur abaissement. M. Merkus les qualifie de *stupides* et de *dégoûtantes*. Enfin, le misérable état de la femme dans l'état sauvage a fait naître chez tous les voyageurs peu de cas que les sauvages font de leurs femmes; mais celui-ci nous semble surtout caractéristique. Il faut se souvenir, en effet, que la nourriture, le repas étant, pour ces hommes bruts comme pour les animaux, la grande affaire de la vie, ils doivent s'y révéler particulièrement.

Voici encore un fait curieux qui donne bien la mesure du respect que les hommes ont pour les femmes dans ces contrées sauvages. A Manado, une vache morte ayant été laissée sur la côte, ne tarda pas à être gagnée par la corruption. Les hommes de l'île s'en approchèrent et n'en voulurent point; les femmes vinrent et la mangèrent; c'était assez bon pour elles.

l'étonnement que ces êtres, si maltraités de l'homme, si disgraciés de la nature, ne cherchassent point dans le suicide un remède aux maux insupportables de leur condition. Mais il est encore dur de remarquer que cette *patience et cette humilité* dont elles sont preuve ne sont, chez ces femmes, que des vertus toutes bestiales [1] ; elles sont retenues à la vie par l'instinct de la conservation, plus fort, chez les êtres privés de raison, que toutes les souf-

[1] Le sort de la femme sauvage est si humiliant et si misérable, quelle n'échappe guère à la destruction sans le secours de l'abrutissement. La nature, toujours prévoyante, en agit à leur égard comme elle le fait chez nous, à l'égard de l'enfant qui vient de naître. Elle a doué ces deux êtres, destinés à souffrir, d'une sensibilité obtuse. Autrement, l'individu dans l'état d'enfance, ni la femme dans l'état sauvage, ne pourraient endurer les maux sans nombre que ce premier âge accumule sur leurs faibles organes.

Nous en avons même chez nous un exemple dans les classes pauvres, endurcies au mal, comme on dit communément. La civilisation qui exalte la sensibilité nerveuse chez les êtres réunis en société, ne les conserve qu'à la condition de diminuer autour de ces mêmes êtres les causes de souffrances externes qui les assaillissent dans l'état de nature.

frances imaginables. On ne voit jamais les animaux se donner la mort, quoiqu'ils trouvent souvent dans la cruelle domination de l'homme des motifs pour le faire.

Au reste, le sort de la femme, chez les peuples sauvages, aurait pu se prévoir d'avance par l'état de la religion chez ces mêmes peuples. C'est, en effet, un principe général qui nous éclairera dans toute cette histoire, que la condition de la femme est toujours en rapport avec l'idée que les hommes se font de Dieu. Or, parmi les sauvages, les uns sont athées, les autres adorent un dieu enchaîné aux éléments. Prosternés devant la force, ils revêtent de propriétés religieuses les vents, les météores et tous les puissants agents de la nature. On conçoit que, d'après cet idéal du grand Être, les hommes dans l'état sauvage doivent avoir peu de respect pour la femme, ce vase faible, *vas infirmius*, comme on la nommait encore pendant la barbarie du moyen-âge.

Nous avons cru devoir nous étendre avec quelques détails sur la condition de la femme dans l'état de nature. Il est bon de mettre quelquefois l'humanité en présence de ses commencements, afin que, d'un côté, elle ne s'enfle pas trop de ses grandeurs, et que, de l'autre, elle apprenne à connaître la loi du progrès, en vertu de laquelle seulement elle est grande. On voit, du reste, que la femme est encore plus redevable que l'homme à la société. Partie d'un degré au-dessous du sauvage, simple bête de somme aux ordres d'un animal plus fort qu'elle, sacrifiée par la religion même qui, cherchant Dieu dans les énergies de la nature, ne le rencontre partout que sous des caractères mâles et robustes, elle traverse péniblement une ère de mépris, de souffrance et d'abaissement moral, dont la civilisation seule peut la faire sortir.

Après avoir éloigné de lui, par la force, les animaux dangereux pour sa sûreté, l'homme s'assujétit, par l'éducation, ceux qui sont utiles à ses besoins. A la vie de chasseur, toujours solitaire et belliqueuse, succèdent alors les habitudes plus calmes de la vie pastorale.

Cette seconde manière de vivre marque un sensible progrès sur celle du sauvage, obligé de pourvoir à sa nourriture, ainsi que certains animaux, par un combat sans cesse renaissant avec la nature.

Comme cette vie de pasteur commence pour l'homme l'état de société, les mœurs ne tardent pas à s'y régler. Dans l'âge précédent, nous n'avons rencontré que la confusion ; dans celui-ci, du moins, nous verrons se former un ordre, encore bien incomplet sans doute, mais qui ira toujours se développant de plus en plus. On pourrait dire que les progrès dans les relations sexuelles suivent ici les progrès de l'homme sur la nature : quand la chasse était seule chargée de fournir à l'homme une proie incertaine, l'usage du sexe était pareillement abandonné à la surprise et au viol ; mais maintenant que l'homme étend sur les animaux un pouvoir plus fixe et plus sociable, il s'assure en même temps, par des lois, la possession de la femme.

Ici commence pour elle le mariage sous sa forme primitive, la polygamie.

Ce que l'homme cherche alors dans la

femme, ce n'est plus tant une esclave qu'un instrument de fécondité, et, si nous osons ainsi dire, un moule à enfants. L'homme qui se sent nouveau et isolé sur la terre aspire à propager sa race. Avide de postérité, il se représente volontiers ses descendants nombreux comme les grains de sable de la mer, ou comme les étoiles qui forment la poussière du firmament. Ne tenant jusqu'ici que peu de place dans le monde, il l'envahit par l'espérance. L'accroissement de son espèce lui apparaît d'ailleurs comme un moyen d'achever sa conquête sur la nature.

De là le besoin de se multiplier, besoin immense, dont les premiers récits de la vie pastorale nous retracent à chaque page quelque trait naïf. Comme le ministère de la femme est indispensable à cette œuvre de reproduction, la femme prend dans l'intérieur de la tente une place proportionnée aux services qu'on attend d'elle. Le respect qu'on a de sa personne est dès lors conditionnel. Honorée si elle met au monde beaucoup d'enfants, elle ne doit prétendre, dans le cas contraire, qu'à l'indifférence, souvent même à l'opprobre ; encore faut-il que cesenfants soient mâles, car autrement la fécondité de la femme serait regardée comme une fécondité stérile, indigne de tout honneur et de toute reconnaissance. Le cas que les maris témoignent faire de leurs épouses est donc alors tout à fait égoïste : ce que l'homme cherche, pendant ce second âge, chez la femme, c'est encore l'homme.

Les anciens patriarches avaient plusieurs femmes, usage que saint Augustin lui-même excuse par le motif qui lui a donné naissance : « Si vous consultez la nature, dit-il en parlant de Jacob, il s'en est servi pour avoir des enfants et non pour contenter sa passion[1]. »

Simple vase fécondant, simple machine à

[1] Il ne paraît pas, en effet, que ces bergers primitifs aient attaché grand intérêt à la possession de la femme pour elle-même. Nous voyons également celle-ci n'accorder guère d'importance à l'acte de l'union des sexes. La femme légitime, si la nature lui a refusé des enfants, amène volontiers sa servante à son mari ; celle-ci la supplée dans les fonctions du mariage, et si un enfant naît de ce commerce, la femme légitime s'en réjouit comme si elle l'avait conçu elle-même ; car l'enfant lui

hommes, la femme n'avait guère d'autre mérite, aux yeux de son mari, que de lui donner beaucoup d'enfants mâles. La beauté ne pouvait suppléer, en aucun cas, à la stérilité de la femme légitime [1]; car (celle-ci

appartient. Les unions les plus révoltantes semblent justifiées à leurs yeux par cela seul qu'elles sont fécondes. C'est ainsi que nous voyons les sœurs concevoir de leurs frères et les filles de leurs pères, sans remords; la grossesse effaçait toute ignominie de l'œuvre de chair.

« Elles donnèrent du vin à boire à leur père cette nuit-là, et l'aînée vint se coucher avec son père.

« Et le lendemain l'aînée dit à la plus jeune: Voici, j'ai couché la nuit passée avec mon père; donnons-lui encore cette nuit du vin à boire, puis va et couche avec lui, *et nous conserverons la race de notre père.* (*Gen.*, cap. XIX, 33, 34).

C'est ainsi que nous voyons Jacob se détourner de Rachel qu'il avait aimée, en faveur de Lia qu'il haïssait, parce que celle-ci avait conçu. Il s'engage dès lors entre ces deux femmes une lutte fort curieuse, qui peint bien l'idée que l'homme avait alors du mariage; Rachel et Lia ne font point assaut entre elles d'esprit, de charmes, de dévouement pour toucher le cœur de Jacob, mais de fécondité. C'est à qui des deux enfantera le plus. Leurs prières ne montent à Dieu que pour lui demander d'emplir leurs entrailles.

Gen., XXIX et XXX.

même était considérée alors comme la vigne, pour son fruit. Aussi la tradition de ces patriarches voulant nous donner l'idée d'un grand châtiment sur un peuple, nous dit que Dieu y resserra le ventre de toutes les femmes, *conclaserat enim Dominus omnem vulvam.*

Dans les villes et les sociétés naissantes, ce même besoin d'habitants, de citoyens, de soldats se fait sentir. Comme la guerre rayonne autour du berceau de tous les peuples anciens, nous trouvons la polygamie instituée chez tous dans l'origine. Dans l'Inde, avant Manou, dans l'Égypte, depuis Ménès[1], dans la Judée, avant et depuis Moïse, il fut permis aux hommes de prendre plusieurs femmes. Nous ferons d'ailleurs remarquer que la polygamie était une transition nécessaire entre la promiscuité aveugle des premiers temps et l'unité du mariage. Aussi les sages législateurs qui parurent ensuite chez les peuples d'Orient,

---

[1] Les Égyptiens font remonter l'origine du mariage à Ménès, leur premier roi. Avant lui, les femmes égyptiennes étaient sans doute livrées à l'esclavage et à la promiscuité, comme chez tous les peuples primitifs.

s'attachèrent-ils à restreindre la polygamie, d'abord illimitée ; Mahomet réduisit à quatre le nombre de femmes légitimes qu'un homme devait posséder ; encore exigea-t-il qu'elles fussent traitées toutes les quatre avec une égale convenance ; mais là s'arrêta le progrès. L'islamisme avait en lui-même puissance d'améliorer le sort de la femme, mais non de le tranformer.

Montesquieu assigne pour causes de la polygamie chez les peuples du Levant, la nubilité prématurée des femmes, suivie d'une rapide défloraison, et l'excédent de la population femelle sur la population mâle. Ces deux raisons sont spécieuses et ne manquent point de logisme ; mais réduire à une simple loi géographique les rapports des sexes entre eux, outre que c'est ruiner la base de toute morale, c'est encore ne tenir aucun compte des développements de l'humanité. Les écrivains du commencement du dix-huitième siècle ignoraient la loi du progrès ; c'est à cette ignorance qu'il faut rapporter la plupart de leurs erreurs.

La polygamie est la seconde forme des

rapports établis entre l'homme et la femme ; si certains peuples s'y arrêtent, c'est qu'ils n'ont point en eux-mêmes, ni dans leurs croyances religieuses, la force virtuelle pour avancer au delà.

L'imperfection de cette sorte de mariage saute d'ailleurs aux yeux les moins clairvoyants. Achetable et vendable dans quelques pays, soumise toujours, la femme, dans la polygamie, ne cesse point d'être assujétie à l'homme. Moïse, dans le *Décalogue*, exprime par un trait naïf le peu de cas que les juifs faisaient de la femme en la confondant avec les objets de simple propriété, comme le bœuf et l'âne[1]. Les mêmes caractères qui distinguaient la femme chez les premiers patriarches la distinguent encore chez les Juifs et les autres peuples d'Orient. Les termes de *fruit*, de *ventre*, de *mamelles*, qui reviennent si souvent dans leurs livres, montrent bien que les hébreux considéraient surtout cela dans le sexe. L'idéal de la femme chez ces peuples, c'était

---

[1] *Non concupisces domum proximi tui, nec desiderabis uxorem ejus, non servum, non asinum, nec omnia quæ illius sunt.* (Exod., xx. 17.)

la femme grosse. Isis, regardée chez les Égyptiens comme la femme par excellence, représentait la fécondité[1]. Chez tous les autres peuples primitifs de l'Orient, la religion, bornée pour la femme à quelques cérémonies très-simples, n'était jamais que le développement de ce verset de la Bible : « *Crescite et multiplicamini*, croissez et multipliez. » Tout était là. La femme, dans l'Inde, est souvent comparée à la nature, mais à la nature-mère. Nous sommes loin de nier que le respect pour la fonction génératrice ne soit juste et raisonnable; nous croyons même qu'il devait précéder celui des autres attributs de la femme; mais tout le monde conviendra avec nous que l'homme ne possédait point encore la femme tout entière, tant qu'il ne possédait en elle qu'un agent de reproduction.

Il serait superflu de signaler avec quelque détail les autres inconvénients de la polygamie. Malheur à qui ne les sent pas ! Qu'il nous suffise de dire un mot de la séquestration ou

---

[1] Elle est figurée, dans les peintures, avec un enfant qu'elle allaite.

tout au moins de la surveillance étroite qu'entraîne pour la femme un mariage conclu, le plus souvent sans son aveu, et, dans tous les cas, sans le mouvement de son cœur. Il ne faut pas perdre de vue que l'amour n'existe point chez les femmes d'Orient; tout au plus une jalousie fondée sur les avantages qui résulteraient pour elles de telle ou telle position vis-à-vis de l'homme. Cette jalousie égoïste leur inspire des moyens de plaire toujours grossiers, comme serait l'invention de quelque parfum ou d'un nouveau plaisir. Dans cet état de servitude et de claustration, la femme se moule sur les goûts de l'homme, devient un des ouvrages de l'homme. C'est lui qui, dans certains pays, la surcharge d'un excès d'embonpoint nuisible à sa santé; qui, dans d'autres, lui supprime les pieds quand elle est jeune encore; qui, dans presque tous, détourne chez la femme, au profit de ses plaisirs secrets, certaines lois de la nature; à peu près comme il travaille, contrarie et mutile les animaux domestiques pour les plier à ses besoins et à ses fantaisies.

Il est d'ailleurs bon de remarquer que les

deux caractères de l'état précédent, l'esclavage et la prostitution, ou le concubinage qui en est la suite, se continuent sous le règne de la polygamie pour toutes les femmes qui ne sont point parvenues au mariage. La Bible établit nettement la division entre les unes et les autres. Toutes celles qui n'ont pu sortir, par le mariage, de la promiscuité originelle, sont ou prostituées ou esclaves. Agar est esclave; Tamar feint la prostituée. Le même sort s'est perpétué dans tout l'Orient. Sans parler ici des maisons publiques qui existent en grand nombre à Constantinople et dans toute l'Asie, nous pouvons arrêter notre pensée sur ces troupeaux de femmes engraissées dans le secret des harems pour la consommation des grands.

L'absorption de la femme par le mâle, tel est le fait de la civilisation orientale, civilisation bornée par cela même; car selon la belle pensée d'Herder: « Il n'est rien qui marque d'une manière plus décisive le caractère d'un homme ou d'une nation, que la manière dont les femmes en sont traitées[1]. »

[1] *Philosophie de l'histoire.*

La prépondérance de l'homme est si forte en Orient, que l'effet s'en est quelquefois étendue aux Chrétiens mêmes. Certaines sectes, imbues malgré elles des préjugés du pays, ont été jusqu'à mettre en doute si la femme avait une âme et si elle était capable de Dieu.

Le peu de cas que les peuples d'Orient, tant anciens que modernes, font de la femme, perce effectivement, en ce qu'ils ne l'ont point associée au sentiment religieux. Il serait trop long de passer en revue tous les cultes qui se sont succédés sur cette terre, berceau de la civilisation du monde; mais nous pouvons avancer, après une étude sérieuse, que les femmes y eurent peu de part. Les musulmanes elles-mêmes, élevées sous un régime d'ignorance, ne comptent presque pour rien dans les devoirs que l'homme doit rendre à son créateur.

Si nous demandons aux anciennes et aux nouvelles croyances de l'Orient quelques explications sur la manière dont les femmes y furent et y sont encore traitées, nous trouverons que la religion des premiers patriarches était le déisme. C'est encore aujourd'hui, à diverses nuances près, lesquelles sont innombrables, la religion des peuples de l'Asie et de l'Afrique civilisées. Leur dieu est un dieu incommunicable, séparé de la nature, retiré en soi-même, inaccessible et seul. Qui ne voit tout d'abord une analogie frappante entre cet idéal du suprême Être et les mœurs de l'Orient ? Le mahométan règne sur son harem, comme il se représente que Dieu règne sur la création. Du reste, immobile dans son égoïsme, impénétrable au milieu de toutes ces femmes qui passent sous ses yeux et entre ses mains comme des ombres, il offre à la fois l'image de la toute-puissance et de l'isolement. En Orient, l'homme est l'homme, comme Dieu est Dieu. Le chœur des femmes peut bien venir promener ses danses devant les yeux blasés de son maître, l'islamiste les regardera de ce regard hautain et complaisant dont Allah contemple la nature, quand celle-ci étale ses grâces et ses mouvements ; mais il n'aura d'autres rapports avec ses femmes que ceux que Dieu eut avec la matière pour la féconder.

A la multiplicité des femmes dans le mariage succède l'unité ; à la polygamie, la monogamie.

Démosthènes disait : « Nous avons des courtisanes pour le plaisir, des concubines pour le service journalier, mais des épouses pour nous donner des enfants légitimes et veiller fidèlement à l'intérieur de la maison. » Ce peu de mots définit admirablement la condition de la femme dans la société grecque. Des trois rôles qui lui sont assignés par l'orateur, deux ont commencé pour elle dans les âges précédents, le service et la fécondité ; le troisième caractérise une nouvelle ère. L'Isis des Égyptiens, en entrant dans la religion des Grecs, devient la déesse Vénus ; le principe de la reproduction se transforme en un agent de plaisir et de sensualité. La femme cesse, jusqu'à certain point, d'être mère, pour devenir un instrument de jouissance. Les épouses légitimes ne remplissent, en effet, dans la société grecque et romaine, qu'un rôle muet. A moins que de grandes vertus ou de grands vices ne les fassent violemment sortir de l'ombre du gynécée, l'histoire les passe sous silence ; mais il n'en est pas ainsi des courtisanes et des hétaïres. On sent que la faveur publique les porte, pour ainsi dire, et elles tiennent tant de place dans la vie du peuple athénien que leur nom demeure avec le souvenir de leurs charmes. Aspasie et Præcia exercèrent un immense pouvoir politique à Athènes et à Rome. Thargélie, Théodote, Timandra, Laïs, Flora, Phrynée et mille autres eurent des relations avec les premiers hommes de leur siècle. Si donc nous voulons connaître le sort des femmes dans cette troisième évolution de l'humanité, c'est parmi ces filles de plaisir qu'il faut le chercher. Après avoir aimé la femme pour son fruit, l'homme l'aime pour les qualités qui sont en elle, mais pour ses qualités physiques; car il ne remonte encore guère au-delà.

Prêtresse des sens, l'hétaïre succède à la femme polygame, comme Vénus succède à Isis; son voile tombe, et tandis que jusqu'ici les hommes n'adoraient guère en elles que le vase humain, ils entourent maintenant toute sa personne nue d'un culte tendre et passionné [1].

[1] Strabon va jusqu'à nommer *corps saints* les filles qui s'étaient vouées au service public de la déesse sur

La monogamie ne fut donc, chez les Grecs et même chez les Romains, au point de vue de la morale, qu'un progrès incomplet. On ne saurait pourtant nier que le mariage en lui-même n'y gagnât, surtout lorsque le temps eut séparé la femme légitime des concubines. Les rapports avec les courtisanes étaient tout à fait distincts, et ne paraissent pas avoir nui sensiblement au sort de l'épouse renfermée dans la maison. L'union des deux sexes se consolidait, quoique d'une manière lente, en même temps que l'art faisait découvrir à l'homme, dans la femme, tout un ordre nouveau de perfections.

Si nous cherchons maintenant dans le cœur de l'homme la source de ces deux formes de mariage, nous l'y trouverons aisément. La polygamie et la monogamie répondent à deux

le mont Eryx, en Sicile. Pindare appelle celles de la riche Corinthe « dispensatrices du plaisir et filles de la persuasion. » Toute la société était établie sur ce sensualisme effréné. A la fête d'Apollon de Phtésie, on distribuait un prix au jeune homme qui avait su donner le baiser le plus savant. Tout concourait à tirer de la femme ce que l'homme y cherchait, la volupté.

bedoins invincibles de notre nature, la variété et l'unité. Nous transportons à toutes nos institutions le double caractère inhérent à notre être tout entier ; mais à mesure que le genre humain avance, l'esprit d'unité prédomine chez lui, et le mariage passe alors de l'état multiple à l'état solitaire. Toutefois, comme le besoin de variété persiste toujours, nous voyons les Grecs et les Romains suppléer à la polygamie par l'usage des concubines et des courtisanes.

Mais l'ardeur de l'homme pour satisfaire à la variété de ses plaisirs ne devait pas même s'arrêter devant cette limite ; il voulut aller au-delà, et cependant la femme est si bien le terme des désirs de l'homme, qu'au-delà l'homme tomba dans des excès monstrueux. Rien ne l'arrêta. « Dans les villes grecques, dit Montesquieu, un vice aveugle régnait d'une manière effrénée ; l'amour n'avait qu'une forme que l'on n'ose dire, tandis que la seule amitié s'était retirée dans le mariage[1]. »

Ce que devait être le sort de la femme dans

---

[1] *Esprit des lois.*

une société pareille, on le devine aisément. Celles qui, en Grèce ou à Rome, ne s'élevaient point par la beauté, tombaient, à moins d'être riches, dans les conditions les plus basses. Simple objet de luxe et de futilité, la courtisanne n'était recherchée elle-même que pour des agréments de courte durée; comme la rose qui vit peu, elle servait à parer des festins et à couvrir des lits où l'amour même ne descendait pas.

Le misérable sort des femmes de l'antiquité éclate dans l'histoire ou dans la fable des amazones, ces protestantes du vieux monde, qui tentèrent par les armes l'affranchissement de leur sexe. Leur entreprise eut le sort qu'elle devait avoir. Placée sur le terrain de la force, la lutte de la femme devait nécessairement se résoudre par une défaite : elle fut vaincue. Les statues d'amazones que le temps nous a conservées montrent toutes une physionomie grave, mêlée de révolte et de douleur; elles ont en outre une plaie au flanc.

Cette plaie, la femme la traînera encore durant plusieurs siècles à son côté, jusqu'à ce que vienne celui qui, percé lui-même d'outre et outre, doit guérir, sur le Calvaire, Marie-Madeleine.

Que si maintenant nous cherchons à mettre l'état de la femme, chez les anciens, d'accord avec leur croyance, nous y arriverons sans peine. La religion des Grecs et des Romains était le polythéisme, c'est-à-dire l'adoration des puissances, des propriétés divines vaguement conçues, sous la notion de personnes. Suivant ces propriétés dans leurs divers modes de manifestation, ils les revêtirent toutes d'un double sexe : la force, c'est Mars et Bellone; l'amour, c'est Vénus et Cupidon; l'intelligence, c'est Jupiter et Pallas, ainsi de suite jusqu'aux dernières limites de l'analyse. Il en sera de même dans les mœurs. L'homme admet bien la loi du mariage comme il reconnaît confusément l'unité divine, mais cette loi et cette unité se perdent pour lui dans d'innombrables incarnations du beau. Un vaste besoin d'épanchement le porte au-devant de toutes les créatures qui l'attirent; de là tous les plaisirs, sous leur forme licite ou illicite, mâle ou femelle; de là toutes ces divinités nouvelles qui reçoivent de lui tour à tour, et pour ainsi dire à la fois, le culte des sens. La religion de ses convoitises est double et illimitée, comme le polythéisme même. Tout est pour le Grec ancien objet de concupiscence et de plaisir, comme tout pour lui dans la nature est une personnification des puissances qui sont en Dieu.

La femme esclave pendant l'état sauvage et dans une grande partie de l'Orient, répudiable à merci, propriété du mâle, simple champ destiné à recevoir la semence humaine, sous le régime de la polygamie, enfermée encore dans le gynécée grec, soumise au caprice brutal de l'époux, lequel pouvait la frapper et lui tondre les cheveux par jalousie, dépendante, à Rome d'un simple tribunal domestique qui connaissait non-seulement de la violation des lois, mais aussi de la violation des mœurs, émancipée enfin par la législation impériale, la femme n'arrive guère que dans les sociétés modernes à faire reconnaître ses droits civils.

Nous ne nous dissimulons pas que ces droits sont encore plus souvent fictifs que réels, et que, tout en relevant la femme à la hauteur de l'homme, la législation moderne la sacrifie, dans plus d'un cas, au sexe qui, fort et puissant par lui-même, a le moins besoin de protection. Mais nous sommes, pour l'instant, en train de décrire la marche des choses et non de la juger.

La femme avance, et c'est ce progrès qu'il nous importe de constater. Si nous comparons la châtelaine du temps de Louis XIII, entourée de poésie, d'hommages et de flatteries, ou mieux encore la *grande dame* de nos jours, servie par tout le luxe d'une société raffinée, maîtresse chez elle de sa maison et de ses enfants, la première avant l'homme dans toutes les réunions publiques, à cet animal femelle que nous avons vu, dans l'état de nature, couchée confusément en un coin de la hutte, et rampant humblement aux pieds du sauvage, nous conviendrons que le chemin déjà parcouru est immense, et nous aurons bon espoir, dans celui qui reste à parcourir encore, pour la femme.

Nul doute que le christianisme n'entre pour beaucoup dans les destinées nouvelles de la portion faible du genre humain. Avant lui, toutes les religions anciennes s'étaient épuisées sur la femme et elles n'avaient réussi qu'à produire un culte grossier, humiliant pour elle, sans idéal comme sans avenir. On peut dire de l'hétaïre grecque et de la courtisanne romaine ce que les Écritures saintes répètent si souvent des divinités payennes, que le ver de l'ennui et du dégoût les rongeait sur leur autel. Il était réservé au Christ de régénérer le sort de la femme en apportant l'amour sur la terre.

Marie, cet idéal de la femme dans les deux plus charmants attributs du sexe, la vierge et la mère, contribua beaucoup à propager, surtout pendant la durée du moyen-âge, le respect de ses *sœurs qui militaient encore dans cette vallée de larmes.* « Dieu changea de sexe, dit un grand historien[1]. » En Italie,

____

[1] Michelet. C'est à la sainte Vierge que l'Église consacre le plus beau mois de l'année, le plus beau jour de la semaine et les plus belles fleurs. Il est à remarquer que les protestans, chez lesquels

encore de nos jours, on adore bien moins l'homme-Dieu que Marie pleine de grâce. Son image se présente de tous les côtés, devant les abbayes, dans les églises, et même sur les routes, en plein air ou dans des niches appuyées aux maisons. C'est à elles que reviennent surtout les offrandes de fleurs ou de fruits, les prières et les signes de croix. Le peuple s'accoutume de la sorte à ne voir plus seulement une femme, mais toutes les femmes dans cette madone glorieuse et couronnée qu'il honore à mains jointes.

Il restait pour compléter l'idéal de la femme, ainsi glorifiée ; à la célébrer encore dans ses rapports avec l'homme. L'Église, dite l'*épouse mystique* du Christ, fut chargée de ce rôle. On mit sur ses lèvres, les soupirs brûlants et les tendres propos dont la femme du *cantique des cantiques* entretient son bien-aimé : « Baise-moi d'un baiser de ta bouche, ô mon chéri, car je languis d'amour. »

le culte de Marie n'existe pas, ont de tout temps témoigné peu de révérence pour la femme. On sait que les mœurs anglaises sont fort loin des nôtres sous ce rapport.

Enfin, comme la femme est faible, et que le moyen âge est surtout frappé chez elle de ce caractère de faiblesse, il prévoit le cas où la femme peut tomber et lui ménage un modèle dans le ciel pour se relever; le repentir a sa sainte là-haut comme l'innocence; à côté, mais au-dessous de Marie immaculée, il y a Marie-Madeleine, la pécheresse.

La femme ne pouvait manquer de prendre dans la société une place proportionnée à celle qu'elle tenait dans la hiérarchie religieuse. De tout temps les hommes ont constitué la terre à l'image qu'ils se faisaient du ciel. Aussi voyons-nous l'influence de la femme croître avec le culte même [1].

[1] La langue, qui est un autre magnifique monument de la civilisation d'un peuple, offre en France mille traces du progrès accompli par les mœurs. Recevant surtout leur idiome des débris du latin et du grec, les Français ont dû précisément modifier les emprunts qu'ils faisaient à ces langues mortes, par les nouvelles idées qu'ils se formaient des objets. C'est ainsi que les anciens qui, comme nous l'avons vu, se représentaient surtout l'amour et par conséquent la grâce, la beauté, sous la forme mâle, avaient transporté cette idée au mot *flos*, lequel est du masculin; les Français acceptent

Il nous reste à dire comment le mariage s'organisa sur la nouvelle conception que les hommes avaient de Dieu. Cette tâche est facile. Le christianisme ayant réduit à trois le nombre des propriétés divines, la famille offrit une vivante image du dogme de la Trinité. Le Père, le Fils et le Saint-Esprit sont représentés par l'homme, l'enfant et la femme, laquelle sert de lien amoureux entre les deux premiers termes et les conjoint dans une unité indivisible[1]. Qu'est-ce en effet que le Saint-Esprit, selon les symboles chrétiens? Une

le mot, mais ils en changent le sexe ; ils en font *la fleur*, cet emblème chez nous tant rebattue de la femme.

La belle comparaison de Virgile *quasi flos succisus aratro*, s'appliquait à un jeune héros tombé avant l'âge, et non, comme chez nous, à une jeune fille. Il faut en dire autant du mot *amor*, *amour*, qui, en latin, est seulement du masculin, et qui, chez nous, est des deux genres.

[1] Il est curieux de retrouver dans l'Inde, pays où le mariage, malgré les harems et les concubines, adopta depuis plus longtemps qu'ailleurs la forme monogame, la même idée, presque dans les mêmes termes : « Celui-là, dit le code de Manou, est un homme parfait qui se compose de trois personnes réunies, sa femme, lui et son fils. »

flamme, une colombe, un souffle, tous emblèmes de l'élément femelle dans la création. Excluant le divorce et la répudiation, jusque-là en usage, le mariage nouveau fut en outre constitué selon l'idée nouvelle que le christianisme se faisait du Dieu éternel et un.

Expliquerons-nous maintenant par quelle cause le christianisme, quoique ayant conçu une notion si élevée du mariage, ne put finalement le réaliser que pour le petit nombre, et comment les états précédents de la femme, la prostitution, la polygamie, le concubinage se sont perpétués, se perpétuent encore dans les sociétés modernes? En vérité, nous n'abordons qu'avec embarras cette périlleuse question; nous aimerions mieux admirer le christianisme pour ce qu'il a fait, que de le juger pour ce qu'il n'a point su faire. Mais il faut pourtant avancer dans cette connaissance, si nous voulons dégager la vérité des ombres qui la couvrent encore.

D'abord, tout en prescrivant le mariage, tout en plaçant le culte de la femme dans ses temples, le christianisme, par une contradiction manifeste, se retire de l'un et de l'autre dans la pratique. Saint-Paul accorde le mariage aux faibles comme une concession, *melius est nubere quam uri*. Du reste, il conseille aux maris *de se servir de leurs femmes comme s'ils n'en avaient pas*. Impatients d'éternité, les premiers chrétiens ne voyaient dans la beauté qu'une dangereuse illusion des sens [1] et dans le mariage qu'un lien embarrassant pour l'esprit. La femme surtout les effrayait, car la femme c'est la chair sous une de ses formes les plus séduisantes, et le christianisme se déclare surtout l'ennemi de la chair. La nouvelle religion prit pour elle ces mots de la Bible : « *Inimitias ponam inter te et mulierem*, je placerai des inimitiés entre toi et la femme. » En effet, pour peu qu'on interroge l'esprit de la religion et son histoire, on ne tarde pas à reconnaître que, pour la femme surtout, le christianisme aboutissait plutôt au cloître qu'à la famille.

L'acte même de la reproduction est, selon la foi, un acte maudit qui n'échappe à Satan qu'à force de prières et de macérations sur

[1] *Præterit enim figura hujus mundi.* (Saint Paul).

soi-même. Le mariage chrétien tout entier est plein {d'austérité sombre; sans parler ici des continences prolongées qui, dans la primitive Église, isolaient les sexes pendant une grande partie de l'année, nous voyons dans l'histoire de ces premiers siècles des mères éloigner d'elles leurs enfants, de peur de s'attacher à eux trop tendrement. Le christianisme engageait de la sorte avec la nature un duel éperdu. La lutte fut longue et sanglante. L'humanité s'y mâta durant plusieurs siècles; mais à la fin, la nature réclama énergiquement et le christianisme fut contraint de céder.

De plus, et c'est ici la cause principale, le christianisme ne réalisa pas le mariage, parce qu'il ne put réaliser une société. Il lui manqua le lien des sexes, comme le lien des connaissances et le lien des intérêts lui manquaient. Or, le mariage n'est point une institution solitaire; il a ses racines dans toutes les autres institutions sociales; il les commence et les résume toutes.

En politique comme en religion, sur la terre comme dans le ciel, la société chrétienne vécut de cette idée : « Beaucoup d'appelés et peu d'élus. » Les élus, en petit nombre sur la terre, furent les riches, les nobles, les puissants : à ceux-là le mariage et la famille. Les appelés, en grand nombre, furent les pauvres, les travailleurs, les prolétaires: ceux-là ne purent jamais constituer pour la femme un mariage certain ni une famille régulière. L'Église y pourvoyait par les couvents; à ces pauvres filles sans dot, elle faisait épouser Jésus-Christ, le sauveur et l'amant des âmes, comme à tous ces pauvres hommes affamés elle promettait le meilleur pain dans le royaume du ciel; mais tout cela n'était qu'un palliatif de courte durée. La chair se montra dure à mourir; la raison poussée à bout protesta; le populaire crucifié, vexé pendant des siècles, foulé par les grands comme le raisin dans le pressoir, se lassa de la résignation et demanda si l'on ne pourrait pas améliorer son sort ici bas, en attendant le bonheur éternel là-haut.

Le christianisme, en se retirant, laissa un vide immense. On put seulement alors juger de la grande place qu'il tenait dans la société. Chacun pâlit et se troubla. Une confusion ef-

frénée succéda à l'ordre violent et contre nature qu'il maintenait dans les nations. Jamais
force ne fut comparable à celle qu'exerçait dans
le monde cette doctrine toute morale et désar-
mée. Quand la société chrétienne éclata, il y
eut déluge et invasion de mauvaises mœurs.
Les maisons de débauche prirent la place des
couvents. Le mariage se sauva à grand'peine
de ce cataclysme, et le monde moral tout entier fut replongé dans un chaos où il se débat
encore à cette heure.

Nous essaierons plus loin d'indiquer la manière dont nous croyons que l'union des sexes
se constituera dans l'avenir. Mais nos prévi-
sions ne peuvent être, dans tous les cas, que très-
vagues à cet égard et pleines de défiance en
nos faibles lumières. Pour fixer en effet avec
assurance la loi qui réglera, dans un temps
donné, les rapports de l'homme et de la femme,
il serait nécessaire de connaître la loi qui rè-
glera les rapports de l'humanité avec son auteur. En d'autres termes, pour que la femme
prenne une nouvelle place dans la société nouvelle, il faut attendre que Dieu lui-même en
ait une.

DU PROGRÈS CHEZ LA FEMME.

Ménage — Famille. — Beauté. — Amour.

Nous avons vu la femme parcourir successivement diverses conditions avant d'arriver à faire reconnaître ses droits civils. Or, comme rien ne se perd dans le monde, comme les créations précédentes laissent leurs traces dans les créations plus avancées, nous ne serons pas surpris de retrouver chez nous les quatre états primitifs de la femme, reconnaissables encore dans l'état de mariage, mais anoblis, transformés.

D'esclave qu'elle était au commencement, vouée au service immonde de la hutte, comme une bête de peine, la femme mariée devient chez nous, dans sa maison, une ménagère libre et affranchie. Tandis que l'homme, emporté hors de chez lui, durant la journée, par une humeur aventureuse, une activité vague et extérieure, cherche, selon les instincts de sa nature, à soumettre le globe sous les lois de l'industrie, ou à conquérir les autres hommes au moyen de la persuasion, la femme, retenue sous le toit conjugale par une activité plus interne, une humeur plus calme, s'applique à ordonner les objets qui sont sous sa main.

Y a-t-il plus charmant spectacle au monde que celui d'une femme, jeune et belle, dans son ménage, non pas sans doute asservie à ces travaux durs qui contrastent avec la faiblesse de son sexe, mais alerte et svelte, répandant autour d'elle, d'un vol léger comme l'oiseau, cette aimable symétrie qui lui est naturelle. Sorte de sylphide domestique, elle effleure tous les objets de son souffle, et les objets se rangent sous sa volonté comme par magie. Il semble que ses meubles, ses vêtements, son aiguille même lui obéissent; elle les apprivoise en quelque sorte, elle en fait autant d'êtres animés et dociles qui suivent tous ses mouvements. Les poëtes, qui ont peint la femme dans tant de situations forcées, plus curieuses que vraies, et créées le plus souvent par des passions imaginaires, ont négligé jusqu'ici cette source abondante et facile de la vie domestique, si pleine pourtant de suave poésie. Goëthe, dans son poëme de la *Cloche*, nous trace d'un trait ce travail flottant, et plein de grâce de la femme sage dans sa maison, et ce trait seul est un rayon de lumière.

L'esprit d'ordre appliqué aux soins du ménage est si bien dans la nature, et pour ainsi dire dans le génie de la femme, qu'elle s'y traduit tout entière : elle en fait son livre en quelque sorte. Nous nous sommes quelquefois exercé dans le monde à deviner le caractère des femmes par la forme de leurs maisons, l'ordonnance de leurs appartements, l'ameublement de leur salon, plus souvent encore de leur chambre à coucher, par les objets mêmes les plus insignifiants en apparence, qui garnissaient leur cheminée; et nous nous sommes trompés bien rarement; nous les retrouvions, pour ainsi dire, jusque dans leur fauteuil, pourvu que ce meuble fût de leur choix.

La femme se reproduit dans l'univers de son ménage, comme l'homme, emporté par un dessein plus vaste, cherche à se reproduire dans la nature dont il attire à soi toutes les forces. De même que les animaux, et qui plus est encore, les êtres inorganiques, deviennent dans le monde extérieur les esclaves et, en quelque sorte, les annexes de l'homme ; les objets du monde intérieur s'associent, pour ainsi dire, à la femme, participent d'elle, de son caractère, de ses goûts, et s'unissent à ses desseins, comme les éléments eux-mêmes s'unissent aux volontés de l'homme pour les servir.

On peut juger de l'état de la civilisation des femmes, chez un peuple, par l'état de leur maison. Si leurs demeures mal bâties, leurs meubles et leurs ustensiles grossiers offrent partout l'image de la confusion et du désordre, si leur linge malpropre et décousu n'est point purifié à l'eau ni repassé par leurs mains habiles ; si même il manque absolument ; si leurs tables et leurs escabeaux informes sont, pour ainsi dire, à peine sortis du tronc primitif de l'arbre, on peut en conclure avec assurance que les femmes y sont également enveloppées dans les ténèbres de la barbarie et de l'esclavage. L'intérieur pauvre et insoumis de la case témoigne du sort de la femme chez les peuples naissants, comme les champs mal cultivés, les animaux domestiques encore à moitié sauvages et d'une allure farouche, les forêts impénétrables et désordonnées indiquent autour des habitations l'ébauche d'une victoire sur la nature, et non cette victoire elle-même.

On voit donc que le ménage est le monde de la femme. Doué de forces moindres, elle exerce en petit sur son intérieur cette conquête que l'homme poursuit en grand sur la création ou sur la société. Aussi bien, ce dernier manque-t-il de la symétrie qui arrange les détails. On reconnaît tout de suite une chambre d'homme à cette absence d'ordre que la main de la femme au contraire distribue partout autour d'elle. Plus délicate et mieux liée que nous dans sa structure, la femme réalise au dehors cette harmonie parfaite qui est en elle et dont la vue nous séduit.

Le gouvernement du ménage appartient donc à la femme, comme le gouvernement de l'univers appartient à l'homme. Le devoir de celle-ci est d'accroître par l'économie, par la sage administration des moyens, par la conservation des objets souvent réparés de ses propres doigts, le bien-être mutuel que l'homme étend au dehors par l'emploi de ses forces ou de son intelligence. Nul doute que la civilisation n'amène à cet égard des progrès remarquables. La femme arrivera dans l'avenir à prendre sur les objets mis en sa puissance une domination de plus en plus éclairée. Avec le temps, elle s'affranchira encore davantage de cette nécessité aveugle et brute que la femme esclave rencontrait à chaque pas dans sa case, comme le sauvage la retrouvait partout dans la nature. Les conquêtes de la femme ménagère sur le petit monde suivront toujours les progrès de l'homme sur le grand, et finiront par améliorer doublement le sort du genre humain sur la terre.

L'oisiveté, ce vice hideux dont les riches ont presque fait une vertu et un mérite, disparaîtra de la femme à mesure que les institutions le banniront de la société. Partout cette oisiveté a produit des fruits de corruption. Les femmes de nos classes aristocratiques n'ont guère rien à envier sur ce point aux femmes de l'Asie. Loin d'ajouter au charme et à la beauté du sexe, cette nonchalance l'amollit, l'énerve et finit bientôt par lui ôter jusqu'à la force de plaire. Autant cette fille, livrée dans un atelier ou une fabrique à de rudes travaux contre nature, nous afflige et blesse nos yeux, autant nous sommes dégoûtés à la vue d'une femme désœuvrée, couchée tout le jour sur de moelleux coussins, et n'ayant, pour ainsi dire, plus de vie que pour le sommeil. Nos regards se reposent, au contraire, avec complaisance sur cette jeune et douce ménagère qui va çà et là, surveillant les uns, conseillant les autres, travaillant elle-même. La femme a grâce aux choses qu'elle fait dans sa maison, parce que cette activité lui est naturelle, comme à l'oiseau de construire son nid, à l'abeille de confire son miel[1].

[1] Si, pour résumer tout ce qui vient d'être dit sur

Il n'y a pas de loi ni d'usage si barbare qui n'ait sa raison dans la nature; autrement son règne eût été impossible. La claustration des femmes en Chine, si odieuse qu'elle soit par son excès et par les droits dont elle prive la créature humaine, prend évidemment sa racine dans l'instinct qui rattache partout les femmes à l'intérieur de leur maison.

Il est encore à remarquer que la civilisation, loin de contrarier ou de détruire à cet

l'activité propre à l'homme et à la femme, nous en appelons à la physiologie, nous la trouverons parfaitement d'accord avec nos idées. Remontons, par exemple, jusqu'aux organes mêmes qui caractérisent le sexe et surtout jusqu'aux produits de ces organes : chez le mâle nous trouvons le zoosperme, molécule animée, germe du système nerveux et emblème de l'activité de l'homme en rapport avec le monde extérieur ; chez la femelle, au contraire, nous trouvons l'ovule douée encore de vie, mais d'une vie latente et sourde, germe du système gastrique et emblème tout à la fois d'un être actif sans doute, mais actif dans une sphère plus intérieure. Il en est de même de toutes les autres qualités morales propres à la femme; elle a l'esprit d'ordre qui conserve au dedans, l'adresse merveilleuse qui arrange, l'économie qui épargne; mais elle manque de la force qui envahit.

égard les penchants innés de la femme, les favorise au contraire de plus en plus. Dans l'état sauvage, la vie de la femme est tout aussi extérieure que celle de l'homme. Assujétie aux travaux de la pêche, du labourage, quelquefois même de la chasse, réduite à cueillir au loin de maigres racines, courbée sous de lourds fardeaux qu'elle transporte à de grandes distances, la pauvre femelle est obligée de faire violence à tous ses instincts.

C'est seulement dans l'état de société qu'elle commence à trouver un abri pour y réfugier sa faiblesse. Cet abri est d'abord informe et grossier; elle le civilise pour ainsi dire; son action s'exerce peu à peu mais sûrement. Chaque jour amène son progrès. Enfin, elle arrive à faire de ce réduit, primitivement sordide, une sorte d'eldorado où tout s'empreint de sa délicatesse et reflète à l'envi son image.

La civilisation se complaît à cette œuvre de la femme, comme Dieu, qui, n'ayant donné à Adam, dans l'origine, qu'un monde confus et barbare, se réjouit de cette seconde création qui a humanisé, de siècle en siècle, le globe terrestre, et lui a imprimé, pour ainsi dire, une nouvelle forme.

La femme, dans le mariage moderne, continue de servir à l'œuvre de la reproduction; mais ce qui n'était originairement qu'une fonction aveugle, commune à toute la nature, devient pour elle une dignité, la plus grande de toutes sans contredit, la dignité de mère.

Il n'est pas sans intérêt pour l'histoire de la femme de rapporter ici les diverses idées qu'on s'est faites de son rôle dans la génération de l'enfant. La science a plus de liaison qu'on ne le croit avec les mœurs, et la place que les deux sexes ont tenue, de siècle en siècle, dans la société, n'est point tout à fait étrangère à celle qu'on leur assigna dans l'acte de la reproduction.

Quoique la *Bible* ne s'explique point très clairement à cet égard, il semblerait que, parmi les juifs, peuple chez lequel la femme, malgré son abaissement, a toujours joui de plus d'estime que chez les autres nations anciennes, le principal mérite de la fécondation lui était attribuée.

Dans l'Inde, au contraire, la femme était considérée comme le champ et l'homme comme la semence. Les Égyptiens pensaient également que l'homme seul était l'auteur de la naissance, et que la mère ne fournissait à l'enfant que les aliments et la place. Le rôle accessoire donné à la femelle dans l'acte regardé par les anciens comme le plus important de leur politique, devait nécessairement réduire à peu de chose le rôle de la femme dans la société.

Nous ne suivrons pas en détail les divers systèmes de la science sur cette question dans les temps modernes.

Jusqu'ici, les idées que l'on se faisait communément du rôle de la femme dans l'acte générateur n'avaient rien qui dût beaucoup la relever aux yeux des hommes. Le système qui lui attribuait toute la virtualité dans l'œuvre de la reproduction, loin de lui être favorable et de servir à son influence, comme on se l'imagine au premier abord, n'avait, au contraire, pour effet, que de la reléguer aux simples fonctions génitales. La femme n'était bonne alors qu'à pondre l'œuf humain, regardé comme le principe unique de la vie.

Le système contraire, également exclusif, par lequel le mâle était censé fournir tous les éléments vitaux nécessaires à la production d'un nouvel être, tandis que la femelle lui prêtait seulement un magasin de nourriture et des enveloppes, n'était pas moins outrageant pour celui des deux sexes qu'il réduisait de la sorte à un rôle tout passif et subalterne.

Selon la nouvelle théorie du docteur Lallemand (de Montpellier), théorie qui n'a pas seulement une grande portée scientifique, mais encore une haute valeur morale, les choses changent subitement d'horizon, et la femme participante de l'homme au même degré, quoique par des éléments divers, dans l'acte de la reproduction, reprend tout de suite, dans la société, une influence proportionnée à celle qu'elle exerce sur la conservation de l'espèce[1].

[1] Suivant ce médecin célèbre, la fécondation est l'u-

La femme devient dès lors, dans le mariage, une moitié de l'homme destinée à le compléter, en quelque sorte, et à s'unir à lui, comme l'ovule entre en communication avec le zoosperme pour produire la vie.

Nous traiterons ailleurs des travaux de la grossesse au point de vue physiologique, mais à ces premiers travaux en succèdent bientôt d'autres d'un ordre plus élevé : nous voulons parler de l'éducation.

L'homme et la femme ne se perpétuent pas moins au moral qu'au physique dans leurs descendants. Les premiers soins de l'éducation sont confiés à la mère ; c'est par sa bouche que passent les premières leçons, comme c'est par le bec de la colombe que le grain s'amollit avant de parvenir à l'oiseau nouveau-né. Ici commence, pour ainsi dire, une seconde reproduction ; la femme écrit alors la seconde

nion de deux parties vivantes pour se compléter réciproquement et se développer en commun. Le mâle, ou l'organe mâle, intervient dans cet acte par les zoospermes, comme la femelle ou l'organe femelle y contribue par les ovules. Il y a donc égale influence des deux sexes dans la production de l'être nouveau.

partie de ce livre, qui est l'œuvre principale de sa vie. Elle met sa pensée dans l'enfant, après y avoir mis sa propre substance.

Ces premières leçons sont ineffaçables. Qui de nous ne garde un peu du caractère et de la tournure d'esprit de sa mère? C'est au sein de la famille que l'homme se développe d'abord; la famille est une petite société dans la grande, et par conséquent le lien nécessaire entre l'enfant et le monde. Il serait aussi impossible à l'enfant nouveau-né, et longtemps même après sa naissance, de vivre en dehors de la famille, qu'il l'est à l'embryon de vivre hors des organes de la mère.

La famille est pour l'enfant la matrice de la société.

On a osé écrire contre la famille elle-même, parce qu'on a écrit contre tout. L'homme a été doué, dans ces derniers temps, d'une incalculable puissance d'erreur; cela aboutirait au néant, si entre le néant et l'homme il n'y avait la folie. On a donné pour fondement à ténébreuses théories que l'enfant, dans les premières semaines, ne reconnaissait point t que si l'éducation ne se joignait à la nature pour former les liens de famille, ces liens n'existeraient pas. Comme si notre devoir d'homme n'était pas justement de nous arracher à cette nature aveugle, et d'aider, par l'intelligence, à ce qu'elle a écrit vaguement dans notre cœur !

Il existe même dans les animaux, surtout dans les animaux supérieurs, une esquisse et un commencement de famille ; mais cette famille, bornée généralement à des soins conservateurs de l'espèce, cesse dès que le nouveau-né est en état de pourvoir par lui-même à sa subsistance. Il était réservé à l'homme de perpétuer ce sentiment de la famille. Par un effort admirable de son intelligence, l'homme a conduit jusqu'à la fin de sa vie cette mémoire et ce respect des parents qui s'éteignent chez les animaux après les premiers besoins de l'enfance. Il a fait plus encore : la mort qui finit l'homme sur la terre, ne le finit point dans la famille ; l'individu se transmet, il revit dans des individus portant son nom. En agissant ainsi, l'homme n'a fait d'ailleurs que continuer l'œuvre de la création, que développer des germes qui étaient en lui-même : la société se montre ici vis-à-vis des penchants innés comme le médecin doit se montrer vis-à-vis des fonctions vitales, l'interprète de la nature, *interpres naturæ.*

La famille n'est guère, chez les animaux, qu'un instinct; la civilisation en a fait, pour l'homme, un sentiment, et la société une institution.

Toutefois, hâtons-nous de le dire, l'homme n'est point arrivé tout de suite à cette conquête; dans les trois états primitifs de la femme, états dont nous avons parlé plus haut, la famille n'existe pas ou n'existe qu'à moitié. Chez les sauvages, les mères donnent aux enfants les premiers soins, encore quelques-unes s'en acquittent-elles avec une négligence extrême[1]; celui-ci s'échappe bientôt de leurs mains pour se confondre dans la tribu, et ensuite rien n'annonce plus guère aucun lien entre lui et les auteurs de sa naissance. Sous le régime de la polygamie, la famille n'est pas beaucoup mieux constituée; les peuples pasteurs de l'antiquité, les anciens peuples de l'Orient

[1] Les habitantes de la Nouvelle-Galles du sud.

nous offrent, par l'alliance si fréquente du père avec la fille, du frère avec la sœur, un témoignage que la famille, parmi ces premiers hommes, ne différait pas beaucoup de ce qu'elle est encore à cette heure parmi les animaux. En Turquie, même de nos jours, la famille, grace à la pluralité des femmes légitimes et des concubines, n'offre qu'une image flottante; il est impossible que le père distribue son affection sur tant d'enfants, nés de différents lits, avec égalité; les femmes ne témoignent non plus, en général, qu'indifférence pour leur progéniture.

Nous ne trouvons pas qu'en Grèce, la famille, quoique mieux établie, ait présenté encore un grand caractère d'unité. Nous ne parlerons point de Sparte, ni de son peuple stoïque; nous n'admirerons pas, avec Plutarque, la coutume en usage de prêter sa femme à un ami pour en avoir des enfants bien constitués. A Sparte, la reproduction n'avait qu'un but, faire des citoyens au pays. Il en résultait dans le cœur des femmes quelque chose de grand et de faux, de magnanime et de forcé, un ensemble héroïque, imposant et dur, qui étonne, mais qui s'accorde peu avec la tendresse maternelle. A Athènes, le commerce avec les hétaïres, outre qu'il produisait un grand nombre d'êtres bâtards et abandonnés, devait peu contribuer, chez les hommes, à l'amour de leurs enfants légitimes. Encore ne parlons-nous pas ici des esclaves; ceux-là, hommes et femmes, n'avaient point de famille. L'enfant, à peine sorti du ventre de la mère, était confondu dans une communauté abjecte avec les autres enfants du même âge; il vivait pêle-mêle comme vivent encore les petits de la négresse dans nos colonies, indistincts et nus.

Pour la femme, l'enfant est un signe de liberté, *liber;* la famille constitue un véritable affranchissement. Nul doute qu'il n'existe une lueur de cette vérité vaguement comprise dans le sentiment d'orgueil avec lequel, chez nous, les femmes les plus pauvres montrent leurs nouveaux-nés: « Voyez, semblent-elles nous dire; malgré nos haillons, nous sommes libres, voilà notre enfant ! »

La famille, dans les temps modernes, a suivi les progrès du mariage. C'est une loi importante à connaître que le sort de l'enfant correspond toujours au sort de la femme. Quand celle-ci était esclave, l'enfant dépendait de l'aveugle et absolue domination du père, lequel exerçait sur lui le droit de vie et de mort. L'affranchissement de la femme amena l'affranchissement du nouveau-né, qui, en sa qualité d'être faible, participa aux épreuves et aux conquêtes de sa mère. Dans le mariage chrétien, le plus parfait de tous, les liens entre l'enfant et ses auteurs se forment dès la naissance et ne se brisent plus; il y a solidarité mutuelle entre le fils et le père, et la femme, revêtue du titre de mère, devient une sorte d'ange protecteur qui veille sur la maison.

La famille ira s'affermissant de plus en plus à mesure que l'individualité se fortifiera elle-même. Au commencement, l'homme, la femme et l'enfant étaient confondus dans la nature, ensuite dans l'humanité, après cela dans la nation; ils sont sortis peu à peu et se sont dégagés de cet ensemble pour former enfin, dans la famille, une vie mutuelle et à part : c'est un progrès immense. L'avenir ne détruira rien de cette grande institution sociale; il l'achèvera seulement et l'étendra à toutes les classes [1].

Nous ne dirons rien de la manière dont la famille rehausse la femme; c'est une vérité comprise des anciens eux-mêmes. Diane présidait à la fois, chez les Grecs, à la virginité et aux travaux de l'accouchement, pour nous faire entendre que la femme retrouve dans la naissance de l'enfant ce que la jeune fille a perdu au commerce de l'homme. Être mère, c'est presque être vierge.

[1] On a parlé d'un égoïsme à trois, et l'on en a tiré un argument contre la famille; mais qui n'a détruit mille fois cette triste objection? La famille serait une institution nuisible si elle s'isolait et se concentrait à l'écart; ce n'est pas ainsi qu'il faut la comprendre, mais comme le lien naturel entre l'individu et la société. Pour ce qui est du dévouement, nul doute que l'homme dans certains cas ne se doive à l'humanité d'abord, à son pays ensuite, et à sa famille en dernier lieu. Mais ce qu'on n'a pas remarqué, c'est que ces trois intérêts, loin d'être ennemis les uns des autres, s'accordent et s'accorderont de plus en plus, de manière que l'homme ne puisse servir l'humanité ni la nation sans servir en même temps sa famille.

L'Image d'une mère de famille est si pure et si charmante par elle-même, que nous ne croyons y devoir rien ajouter; c'est la vigne entourée de ses grappes, c'est la poule rassemblant sa couvée sous ses ailes. Celui-là ne connaît point la femme qui ne l'a jamais vue souriant à son nouveau-né. Le christianisme a surtout compris cette grandeur des fonctions maternelles, lui qui a admis la femme dans le ciel, mais la femme avec l'enfant. L'avenir relèvera encore de plus en plus cette dignité de mère; il n'aura même pas besoin pour cela de recourir au merveilleux; il trouvera dans la nature seule le caractère de sainteté qui s'attache aux travaux de l'enfantement et aux soins si tendres qui en sont la suite.

Nous avons dit que l'homme chercha primitivement dans sa femelle une esclave, ensuite un moyen de reproduction, et en troisième lieu, un objet de plaisir. Ce fut principalement alors qu'il se montra sensible à la beauté de la femme.

Si nous nous demandons l'emploi de la beauté dans ce monde, nous trouverons que la nature s'en sert pour attirer les deux sexes l'un vers l'autre, indépendamment du plaisir attaché à la fonction des organes. Nous voyons, en effet, chez les oiseaux, le mâle revêtir dans certaines espèces, pendant la saison des amours, des ornements qu'il perd quand cette saison est passée. Mais cette impulsion qui, à la vue de la beauté, naît et attire la femelle de l'oiseau vers le mâle, est-elle, chez l'homme et la femme, un entraînement aveugle, un pur instinct, borné seulement, dans les vues de la nature, à la conservation de l'espèce? Nous ne le croyons pas. Le penchant des deux sexes vers la beauté est, de plus, dans le genre humain, un penchant civilisateur; car la beauté est, comme nous le verrons par la suite, l'expression de ce qu'il y a de plus élevé chez l'être intelligent.

« Avant qu'il y ait des choses belles, dit Platon, il faut qu'il existe quelque chose qui soit le beau. » Nous ne nous élèverons pas jusqu'à cette cause première, jusqu'à ce beau invisible, quoique la beauté des créatures, la beauté de la femme surtout, ne soit réellement qu'un reflet et un écoulement de la beauté suprême qui est en Dieu[1].

Ceci explique comment cette beauté éternelle, rendue passagèrement visible sur le visage de la femme, excite d'ordinaire, chez les artistes et les natures élevées, une sorte d'extase religieuse. La vraie beauté n'entraîne guère, en effet, à sa suite ces mouvements grossiers et tumultueux que fait naître souvent une laideur lascive. On la goûte plutôt avec l'esprit qu'avec les sens. La vue d'une femme réellement belle nous inspire un sentiment de secrète joie assez semblable à celui qu'éprouve Dieu lui-même dans la Bible, lorsque, à l'aspect de sa propre beauté répandue sur les créatures sorties de ses mains : « Il s'applaudit, dit Moïse, et vit que toutes ces choses étaient bonnes, *et vidit quod essent bona.*

---

[1] « C'est votre beauté, ô Seigneur ! dit un poète persan, en s'adressant à Dieu, qui, toute cachée qu'elle est derrière un voile, a fait un nombre infini d'amants et d'amantes. »

Nous ne doutons pas que le mot français beauté ne vienne du mot latin *beatitudo*, à cause du bonheur et de la satisfaction que donne la vue d'une chose ou d'une personne bien faite. Aussi la beauté exerce-t-elle un empire qu'il est difficile de nier; elle règne par une sorte de sérénité victorieuse qui triomphe sans combattre. Ses progrès ont contribué puissamment à améliorer dans le monde le sort des femmes; cette remarque, dont nous démontrerons bientôt toute la justesse, suffit à faire concevoir l'importance de ce don de la nature, que certaines affectent de mépriser et pour cause. On peut dire des femmes ce que Quintilien dit des dieux eux-mêmes : que la beauté de leurs visages ajoute au culte qu'on leur porte [1].

La beauté ne se révèle, comme la vérité, que successivement. Les idées que nous nous faisons du beau ne sont pas celles qu'en avaient les anciens; et par une conséquence physiologiques, le beau se réalisait, chez eux, dans

[1] « *Cujus pulchritudo adjecisse aliquid etiam receptæ religioni videtur.* »

des conditions différentes. La beauté est progressive, mais l'histoire de ces progrès, très curieuse à suivre, nous entraînerait à d'incommensurables longueurs, si nous ne nous renfermions dans quelques vues générales. Nous pouvons déclarer d'avance que la beauté suit le mouvement des connaissances humaines, et surtout de la première de ces connaissances, celle de Dieu et de la nature, nommée par nous la religion.

Il y a une erreur que l'art contribua malheureusement à propager dans ces derniers temps et qui trouve dans notre ignorance une faiblesse crédule, c'est la beauté originelle [1] du premier homme et de la première femme. Outre que la Bible ne dit rien de cette perfection du genre humain à sa naissance, il

---

[1] Il se pourrait que le pinceau, tout en restant dans le vrai, tirât de ce type primitif de la femme une certaine inquiétude sauvage qui ne manquerait point d'effet ; mais à coup sûr ce n'est point en nous représentant, sous prétexte d'Adam et d'Ève, un joli monsieur et une jolie dame blonde, se promenant nus dans un jardin, que l'art retrouvera le secret des commencements de l'humanité.

est aujourd'hui bien démontré qu'il y a eu dans ce dogme intervertissement de mémoire, l'Église s'est souvenue de ce qui doit être un jour. Cet idéal de l'homme et de la femme, représenté par Adam et Ève, n'appartient donc pas au passé, mais à l'avenir; le genre humain le réalise lentement et progressivement.

Le point de départ de l'humanité, sans aucun doute, pour le physique comme pour tout le reste, a été la laideur. Selon toute probabilité, les premières femmes étaient noires; leur chair se souvenait du limon de la terre, dont elle gardait encore la couleur et la bourbe. *Fecit Deus de limo terræ* [1].

Si nous consultons les peuples sauvages, lesquels sont, comme nous l'avons dit déjà,

[1] Ceci est encore un remarquable exemple des analogies intimes que nous offre l'histoire de l'art comparée à l'histoire de l'humanité. Lorsque la peinture commença à renaître dans les temps modernes, les premiers artistes chrétiens peignirent la vierge Marie, symboliquement nommée par l'Église la seconde Ève, sous l'image d'une femme noire. L'homme suit, dans ses créations, le même ordre que Dieu dans les siennes.

les peuples primitifs, nous verrons qu'ils se forment tous de la beauté un idéal bas et grossier, en rapport du reste avec leur nature imparfaite et avec les notions rudimentaires qu'ils ont de Dieu. Absorbés dans les religions de la nature, les sauvages et les premiers hommes se représentèrent et se représentent encore le beau sous des images de puissance physique. La grâce de la femme, dans la Germanie primitive, selon Tacite, c'est sa force, sa taille colossale. Les Hottentots n'estiment guère non plus, chez leurs compagnes, que les proportions massives. La grosse femme, courte et trapue, avec des proéminences énormes, est la Vénus de ces peuples barbares; ils se font de la beauté un idéal conforme à la nature robuste et abrupte avec laquelle ils se mesurent chaque jour; car il est dans le génie des hommes primitifs d'adorer ce qu'ils ne peuvent vaincre.

Faut-il dire qu'entraînés sans doute par cet instinct du phénomène, perdus d'ailleurs dans les régions basses de la création animale, à travers laquelle ils errent obscurément sans se reconnaître, quelques hommes des premiers temps, plus sauvages encore, cherchent le beau au-dessous même de leurs femmes, parmi les bêtes farouches comme eux [1].

Mais supprimons ces commencements injurieux ; laissons même à notre côté l'Inde, cette terre antique, qui reçut sans doute les premiers pas des premières migrations humaines, mais qui n'en a même point conservé la trace. Allons tout de suite à l'Égypte. Nous avons déjà dit ce que l'Égyptien cherchait chez la femme. Voué par religion au culte des énergies et des fonctions de la nature, il honorait, entre toutes, la fécondité. La mère Égypte, comme l'appelle le poète grec, toute peuplée de tombeaux et d'enfants, se montra surtout frappée de deux grands mystères, la mort et la reproduction. La femme, dans ces contrées, eut justement les avantages qu'on exigeait d'elle. Un bassin large et bien ouvert, des seins gros, vastes réservoirs d'un lait pur et

[1] L'art, reproduction toujours fidèle des divers âges de l'humanité, se plaît en effet chez tous les peuples primitifs aux figures d'animaux représentés en grand nombre et exclusivement sur les monuments, les statues et les bas-reliefs.

nourricier, voilà surtout ses titres aux faveurs de l'homme. Pour tout le reste, les femmes égyptiennes (nous parlons des premiers temps, car ensuite le mélange des races altéra le type primitif) étaien loin d'offrir les caractères de la vraie beauté. «La nature, dit Winckelmann, qui avait tant favorisé les femmes égyptiennes du côté de la fécondité, les avait singulièrement négligées à l'égard du visage. » Un nez écrasé, des yeux plats et tirés obliquement, l'os de la joue saillant, le menton petit et bas, tels sont les signes auxquels on reconnaît une femme égyptienne, non - seulement sur les satues et les obélisques, mais encore sur les momies assez bien conservées pour offrir une figure, souvent même quelques restes de physionomie.

Quoique l'art ne soit jamais une imitation de la nature, il peut nous donner néanmoins une idée de celle que les artistes avaient sous les yeux quand ils composaient leurs ouvrages. Or, les sculpteurs égyptiens nous représentent constamment les femmes avec des membres lourds, quoique la taille soit assez déliée, et avec ce je ne sais quoi de raide et de gauche dans le mouvement qui caractérise les races primitives.

Si nous ajoutons à cela l'influence des causes politiques, nous trouverons que le régime des castes, en mettant obstacle au croisement des individus, devait peu servir chez eux les progrès de l'organisation. Enfin, les croyances et les mœurs contribuaient, avec le climat, à entretenir sous ce ciel de feu une tristesse pesante, peu favorable, chez la femme, à l'épanouissement de la grâce et de la beauté.

Nous passons sous silence les anciens peuples de l'Asie, d'autant que les uns nous sont peu connus, et que les autres ne serviraient qu'à établir une transition curieuse avec les Juifs, peuple solitaire, chez lequel la beauté, celle de la femme surtout, sévère et dure, offre un caractère à part. La figure de leurs femmes ressemble au dogme de l'unité de Dieu. Éternelle et indélébile, empreinte d'une certaine grandeur froide, imposante et une comme leur religion même, elle n'a presque point variée depuis les temps anciens.

De tous les peuples de l'antiquité, ce sont les Grecs qui ont eu d'avantage la notion du beau, et chez lequel les femmes ont le mieux réalisé cet idéal. Il est vrai de dire que tout contribua chez eux au développement de la beauté, d'abord le climat, toujours souriant et tempéré, les usages et les mœurs de la nation, et enfin la religion elle-même, qui plaçait Dieu dans l'homme et dans la femme.

Il en résulta chez eux un culte public pour tout ce qui s'approchait de la forme humaine la plus parfaite[1].

Il paraît même, selon la remarque de Winckelmann, qu'on croyait pouvoir favoriser la génération des beaux enfants par les jeux où l'on disputait le prix de la beauté[2].

[1] A Sparte et à Lesbos, dans le temple de Junon, ainsi que chez les Parrhasiens, les prêtres autorisaient des défis de beauté parmi les personnes du sexe. Les jeunes filles, nues ou presque nues, s'exerçaient à la lutte, ou se baignaient sous les yeux des hommes.

[2] Oppien et Athénée nous racontent, en outre, que les femmes Lacédémoniennes gardaient dans leurs chambres à coucher les statues de Nirée, de Nar-

L'éducation concourait à développer chez la femme grecque les germes de beauté que la naissance avait déposés en elle; ce n'est pas tout, en effet, que d'être née belle, il faut encore savoir tirer des bonnes dispositions de la figure et de la taille tout le parti possible. Les jeunes filles apprenaient soigneusement à marcher, à conduire leurs mouvements avec grâce, à danser sans déranger les lignes du visage, à sourire et même à pleurer; elles

cisse, d'Hyacinthe ou de Castor et Pollux, pour s'exciter à ne produire que des enfants magnifiques.

On a mis en doute si ce moyen était de quelque action sur la beauté des Grecs : nous n'hésitons pas à le croire. On peut appliquer à l'homme dans l'état embryonnaire ce que Pascal dit des êtres animés en général, « lesquels n'étaient, dans leur principe, que des individus informes et ambigus, dont les circonstances permanentes au milieu desquelles ils vivaient ont décidé originairement la constitution. » Des faits irrécusables nous semblent prouver que le fœtus, durant la vie intra-utérine, reçoit des objets extérieurs dont la mère est frappée une influence secrète. L'enfant est bien formé au moment de la conception, mais il achève de se construire et de se mouler, pour ainsi dire, dans le ventre de la femme pendant les mois de la grossesse.

s'exerçaient de la sorte à tous les moyens de plaire, et aidaient de leur mieux la bonne volonté de la nature à leur égard.

Les temples étaient des écoles de beauté. Le culte de Vénus admettait même, comme nous l'avons vu, des filles vouées au service public des hommes. Selon les idées de ces anciens, la beauté purifiait tout, et il n'y avait d'immoral au monde que la laideur.

Il nous reste à chercher maintenant l'opinion que les Grecs se faisaient de cette beauté si estimée chez eux, et dans quelles conditions ils la plaçaient. La beauté, absolue en Dieu, varie relativement à l'idée que les hommes s'en font. Les notions que les Grecs avaient, par exemple, de la beauté parfaite chez la femme, ne sont plus celles que nous en avons maintenant. Empreintes d'un matérialisme profond, leurs croyances ne leur permettaient guère de s'élever au-dessus de la nature. Leurs dieux étaient des hommes et leurs déesses étaient des femmes. Ils ne recherchèrent donc avec ardeur, dans la beauté, que ce qui tombe sous les sens et les flatte. Ils ne virent que la forme, ce magnifique voile jeté sur la pensée de la création ; mais ils ne remontèrent pas au-delà du voile pour pénétrer jusqu'à cette pensée. On peut dire, en quelque sorte, qu'ils adorèrent l'ombre de Dieu sans adorer Dieu lui-même.

L'idéal qu'ils se firent de la femme se trouve en rapport chez eux avec cette conception générale des choses. Une beauté sans expression, une grâce tour à tour provocante et molle[1], l'enveloppe, en un mot, dans toute sa fleur, mais l'enveloppe seule, voilà ce que les Grecs recherchèrent principalement chez leurs femmes. Homère veut-il désigner par un trait ses déesses elles-mêmes, ou les filles des hommes, il choisit toujours quelque caractère physique : Minerve aux yeux glauques, Chryséis aux belles joues, Thétis aux pieds d'argent, Junon aux bras bien faits. La plupart de leurs statues, celles des femmes surtout, s'animent quelquefois, mais sans troubler jamais cette inaltérable sérénité dans laquelle les Grecs faisaient consister la grâce de

---

[1] *Grata protervitas… Dulce loquentem, dulce ridentem.*

la physionomie. La beauté de la femme chez les Grecs est, en un mot, une beauté toute plastique, destinée à exercer sur l'homme cette douce tyrannie des sens qui l'arrête aux jouissances extérieures sans les dépasser jamais.

On comprend, d'après cela, que les anciens aient généralement fait consister la beauté de la femme plutôt dans les proportions du corps que dans les traits du visage. Ce que les poètes vantent le plus dans leurs maîtresses ce sont certaines parties tenues chez nous secrètes, comme les bras, les seins, les jambes, *teretesque suras*, et le reste. La vénus Callipyge divinisait même chez les Grecs ce qu'on n'ose nommer.

Mais dans cette curiosité des formes corporelles, les Grecs ne recherchaient plus la fonction ainsi que le faisaient les Égyptiens; ils écartaient même, comme contraire à la vraie beauté de la femme, cette idée de reproduction dont les premiers avaient toujours soin de la revêtir. Les déesses grecques sont toutes représentées, sur leurs statues, avec des seins vierges. Le plaisir, le plaisir seul, épuré par cette beauté qui leur semblait descendre du ciel comme un rayon de lumière, voilà ce que les Grecs demandaient à la femme. L'enfantement n'était plus, à leurs yeux, si l'on ose ainsi dire, qu'un hors-d'œuvre.

Mais ce plaisir que les Grecs cherchaient dans la femme n'était plus, comme chez les peuples primitifs, un plaisir brutal et lourd, consistant surtout dans le toucher; ils inventèrent, pour ce sentiment né de la contemplation du beau, le mot *volupté*, qui rend mieux que l'autre un certain spiritualisme des sens propre au génie hellénique. Il en résulta chez eux un goût pur et élevé de la belle nature. Les femmes n'offraient plus, en Grèce, cette ampleur de gorge qu'on retrouve encore aux femmes égyptiennes; on y faisait consister la beauté de cette partie dans une élévation modérée[1]; toutes les autres éminences du corps, douces et unies, parfaitement liées entre elles par un mouvement de lignes onduleuses, ne présentaient

[1] Pour l'empêcher de grossir, on se servait d'une pierre de l'île de Naxos, qu'on pulvérisait et qu'on appliquait sur les seins.

également dans le type grec qu'une sobriété pleine de goût ; cette harmonie facile que la nature réalisait, pour ainsi dire, sans travail, d'un seul souffle, avait d'ailleurs en soi un caractère au-dessus de la matière elle-même : on y voyait reluire distinctement, comme un sourire de la divinité.

Tout en donnant moins d'attention à la figure qu'au reste du corps, les Grecs ne manquèrent point à estimer dans celle-ci les caractères de l'ordre et de la grâce. Le profil grec est une ligne presque droite ou marquée seulement par une douce inflexion, qui décrit le front avec le nez dans les têtes de femmes. Toute la figure respire une grande beauté, mais une beauté muette qui invite au repos. C'est surtout ici que les idées des anciens et celles des modernes diffèrent essentiellement. Le front haut, qui passe avec raison, chez nous, pour un signe d'intelligence et d'élévation d'esprit, était regardé, chez les femmes grecques, comme une difformité. Winckelmann, fidèle interprète des anciens, dans le commerce desquels, pour ainsi dire, il avait vécu en Italie, n'admettait aucun doute à cet égard : « Les recherches que nous avons faites sur cet objet, dit-il, et celles qui nous viennent des anciens écrivains, nous enseignent que le front, pour être beau, doit être court. » C'était en effet le sentiment d'Anacréon, d'Horace[1], de Pétrone[2] et de tous les poètes de l'antiquité, qui se donnaient pour admirateurs des formes les plus parfaites[3].

C'est encore une erreur de croire que les grands yeux aient été fort goûtés des anciens. Les beaux yeux ne devaient être, d'après l'expression latine, que les lumières du visage,

---

[1] *Insignis tenui fronte.*

[2] *Frons minima.*

[3] Nous ajouterons que la coiffure elle-même était conduite dans cette intention; aux têtes de femmes, et particulièrement aux têtes de vierges, les cheveux étaient relevés et noués derrière le crâne, aux endroits où la phrénologie a placé, de nos jours, les organes de l'attachement, du familisme, de la vanité, et qui offrent généralement, chez la femme, une saillie considérable. Il en résultait que les parties supérieures de la tête semblaient constamment basses et déprimées, tandis que tout le développement se portait en arrière, presque à la naissance du cou. Cette forme exprimait justement ce que les anciens cherchaient dans la femme, les instincts frivoles et affectueux.

et non, comme chez nous, les miroirs ou les fenêtres de l'âme, dont les anciens se souciaient d'ailleurs peu chez la femme. Vénus, ce modèle de la beauté féminine, a constamment sur ses images les yeux petits. Sa paupière inférieure, tirée en haut, caractérise de plus cette grâce et cette langueur humide que les Grecs estimaient surtout dans le regard. Tibulle se sert, pour désigner ceux de sa maîtresse, d'un mot charmant qui annonce des yeux mignons et perlés, *ocelli*. Enfin le βοῶπις d'Homère indique une forme légèrement arrondie, d'un effet agréable, qui offre quelque analogie avec l'œil de la génisse. Comme dans la crainte que les yeux, chez la femme, n'exprimassent encore trop de sa pensées, les anciens les aimaient, en outre, voilés de longues paupières courant, selon le vœu de Pétrone, jusqu'à la naissance des joues.

Le nez devait suivre la direction du front ; la ligne en était généralement irréprochable chez les femmes grecques.

Il est curieux de remarquer que les anciens attachaient surtout du prix, et que les femmes excellaient principalement, aux traits du visage qui contribuent le moins à l'expression, le nez et les joues. Celles-ci, doucement pleines sans être saillantes, et amincies vers le bas, de manière à donner au visage une forme ovale, étaient invitées à se couvrir d'une légère teinte rose, favorable aux désirs.

La bouche, composée de lèvres demi-closes, n'annonçait guère qu'une voluptueuse langueur; une bouche moins faite pour la parole que pour les baisers. La beauté du menton consistait dans la plénitude de sa forme arrondie. Sur les statues grecques les artistes n'interrompent guère le menton par ce creux dont les païens moderne se sont montrés si jaloux, et que les poëtes du temps de Louis XIII nommaient, dans leur langage précieux, un nid' charmant fait pour les baisers. Nous ne pouvons toutefois douter que les anciens ne recherchassent dans leurs femmes cette fossette que Varron appelle un agrément imprimé par le doigt de l'amour.

Encore que les mains, sur les statues de femmes, soient habituellement fort belles, c'est-à-dire d'un embonpoint modéré, avec des ombres adoucies sur la jointures des doigts,

il ne paraît pas que les anciens se soient montrés aussi curieux que les modernes de la perfection des mains chez leurs maîtresses. L[es]
poètes grecs et latins en parlent rarement. [La]
main est cependant un des membres les pl[us]
nobles et l'un de ceux qui nous séparent dava[n]
tage des animaux, surtout des animaux inférieurs ; mais les anciens, encore une fois, t[e]
naient peu compte de la dignité humaine che[z]
la femme. Celle-ci n'était guère, à leurs yeu[x]
qu'un être fait pour le plaisir, et ils s'atta[-]
chaient particulièrement dans leurs maîtr[esses]
à ce qui pouvait le mieux servir les instinc[ts]
Les poètes parlent, en effet, avec plus d'a[-]
mour des pieds, par lesquels la femme tena[it]
à la terre, *candido pede.*

Faut-il ajouter que chez les païens la femm[e]
n'était point le vrai idéal de la beauté, qu[e]
c'était l'homme, ou, pour mieux dire, quelqu[e]
chose de douteux, d'équivoque entre l'homm[e]
et la femme. Parmi les Grecs de l'Asie-M[i]
neure, de jeunes garçons mutilés étaient con[-]
sacrés, à Éphèse, au service de Cybèle et d[e]
Diane. Ces êtres mixtes, chez lesquels la mol[-]
lesse des chairs et l'arrondissement de la tail[le]

se rapprochaient des conditions du sexe féminin étaient regardés, par les Grecs, comme les représentants de la vraie beauté[1].

Enfin l'art, expression courageuse du goût des anciens pour le beau idéal, combina les caractères des deux sexes dans la statue de l'hermaphrodite. On s'arrête en présence de ce déplorable chef-d'œuvre.

Les sexes mal séparés tenaient encore l'un à l'autre dans la pensée des Grecs, parce que la femme ne constituait pas jusque là, dans la société, un individu libre. Plus tard, lorsque la corruption eut interverti, brouillé toutes les lois de la nature encore vagues et confuses pour les esprits, il n'est pas sans enseignement de voir les incroyables efforts que fit de plus en plus l'homme pour supprimer la femme; après l'avoir chassée de son cœur, il la chassa des monuments publics; la beauté n'eut plus alors qu'une forme comme l'amour, qui fut la forme mâle.

[1] Winckelmann rapporte que, sur un bas-relief, on voit à un prêtre de Cybelle des hanches si nourries de chair, que pour cela ce prêtre a été jugé une figure de femme par le plus habile statuaire de Rome.

Ceci annonce assez que la civilisation ancienne penchait à mourir. Mais la mort des sociétés, comme celle des individus, est toujours suivie d'une résurrection, c'est-à-dire d'un progrès nouveau, d'une société nouvelle. Comme le paganisme ne possédait point toute la vérité, il ne contenait pas non plus toute la beauté. Il était nécessaire qu'une religion renouvelât la face du monde ; le christianisme parut, et avec lui une notion plus étendue du beau, une conception nouvelle de la forme.

Il est faux que la religion chrétienne ait introduit dans le monde la laideur. Sans doute, si nous nous plaçons au point de vue des anciens, point de vue exclusif et borné, nous trouverons que le genre humain a dégénéré depuis la naissance du petit enfant à Bethléem. Mais il faut diriger son jugement de plus haut.

Il y eut, dans les premiers temps, écart complet entre la manière dont les anciens comprenaient la création, et les idées nouvelles que s'en faisaient les disciples du Christ. Selon les premiers, le monde n'était guère qu'un épanouissement de Dieu ; selon les seconds, au contraire, le monde, séparé de son auteur, distinct de lui, aurait été frappé en naissant d'un éternel anathème. La femme, agent volontaire de cette chute, avait été comprise dans la réprobation qui embrassait tous les êtres créés. Relevée depuis par le Christ qui avait souffert et qui s'était immolé pour elle, la femme ne s'était relevée qu'à demi ; son âme avait repris possession de Dieu, mais son corps, ses membres, selon le langage de saint Paul, étaient demeurés asservis à la loi du péché. De là cette haine fervente contre la chair qui est tout le fonds du christianisme. Le mal naissait avec elle, et la créature n'arrivait à s'en délivrer qu'à la condition de l'unir perpétuellement par le désir au supplice de l'homme-Dieu, de la crucifier en lui, comme disent les saintes lettres. La vie n'était de la sorte qu'une souffrance [1], que la mort, cette dernière souffrance et la plus grande de toutes, achevait encore de purifier.

C'est l'intelligence de ce dogme fondamental qui portait les premiers chrétiens, hommes et femmes, à ces rudes traitements sur eux-mê-

[1] *Aut pati, aut mori.*

mes, dont le récit semble dépasser les forces de la nature. De là naquit cette volupté de la douleur et ce sauvage amour de Dieu qui peuplaient l'Égypte de solitaires. Plus tard, les couvents recueillirent ces *insensés de la croix*. On sait que pendant les premiers temps la discipline y était sévère et dure. Dans quelques ordres de femmes, la règle consistait surtout à détruire les ornements naturels que l'Église considérait comme un don funeste et un objet de tentation [1]. Quelques religieuses se servaient d'herbes nuisibles pour faire tomber leurs seins avant l'âge ; d'autres exténuaient, sous le jeûne, un embonpoint modéré ; toutes combattaient par un vêtement grossier, des pénitences inouïes, des macérations constantes, cette chair maudite toujours en convoitise contre l'esprit.

On conçoit que si la nouvelle religion se fût arrêtée là, il n'y aurait plus eu dans le monde moderne de conception possible du beau, et conséquemment plus d'art, plus de société.

---

[1] Tels que les cheveux, nommés par un saint les filets du démon.

Mais en même temps qu'il ferme les yeux du corps à la beauté visible, le christianisme les ouvre à une beauté invisible, inconnue des anciens, et d'une éblouissante grandeur. Si l'Église rabaisse chez la femme l'enveloppe mortelle qu'elle affecte de fouler durement aux pieds comme toute souillée du levain de la concupiscence, c'est pour relever d'autant cette âme immortelle, lavée, comme celle de l'homme, au sang d'un Dieu [1].

La beauté de la femme, selon le christianisme, doit être conçue en dehors des sens; c'est, s'il est permis de s'exprimer de la sorte, une forme pensée. Aussi les artistes du moyen âge, inspirés par ces idées chrétiennes et par la nouvelle nature qu'ils avaient alors sous les yeux, ne prenaient-ils à la chair, dans leurs statues de femmes, que

[1] La femme parfaite, aux yeux de l'Église, c'est Marie, c'est-à-dire un adorable symbole de pureté, de souffrance, de grâce immatérielle; au lieu du cortége de Ris et de Désirs que le paganisme donne à Vénus, *quam Jocus circumvolat et Cupido,* elle entoure la reine du ciel d'un chœur d'anges pudiques aux longues ailes, qui osent à peine lever les yeux.

juste ce qu'il en fallait pour recouvrir l'esprit.

L'Être intérieur travaille à se dégager, chez elles, de ce corps de mort, *corpore mortis hujus*, lequel n'est plus lui-même qu'une écorce mince et transparente, à travers laquelle reluit une lumière naissante de béatitude céleste. La vie, aux yeux des chrétiens, n'est pas la vie, c'est la mort. Aussi bien leurs images de femmes s'exercent-elles à prendre par avance cette grâce du sépulcre et, cette austère sérénité du dernier sommeil, que les plis droits de leurs vêtements, comparables aux plis du linceul, accompagnent avec raideur. On dirait des fiancées qui se sont faites belles pour cet amoureux trépassement que l'Église nomme, dans son langage mystique, les noces éternelles.

Cet idéal se réalisa peu à peu dans la nature humaine, modifiée, transfigurée. L'organisation, nous l'avons dit, se moule sur les influences morales qu'elle reçoit. La figure de la femme qui crut en Jésus-Christ ne fut plus celle de la femme qui croyait en Apollon. La forme humaine changea : il y eut le type chrétien comme il y avait eu le type païen, tous les deux distincts, indélébiles, irréconciliables. En transportant la notion du beau de la chair à l'esprit, l'Église avait entièrement déplacé le point de vue, et tous le reste suivit. Les modernes estimèrent moins, chez la femme, la beauté du corps que celle de la tête. D'abord la nouvelle religion proscrivait le nu, et c'est une loi physiologique dont nous avons la certitude, que la nature n'aime point à bien faire pour des yeux indifférents et en secret. Quand certaines parties de la femme cessent d'être estimées ou même exposées, la beauté s'en retire peu à peu. Les poitrines de femmes, soigneusement couvertes, devinrent étroites et rentrées comme celles qu'on voit copiées sur les statues du moyen-âge [1]; les autres saillies du corps de la femme dis-

---

[1] Il n'est pas nécessaire de répéter ici ce que nous avons déjà dit ailleurs sur la différence radicale entre l'art et la nature, l'un n'étant jamais une imitation de l'autre. Mais il est néanmoins difficile de nier qu'ils ne se prêtent mutuellement de siècle en siècle une influence réciproque, l'un et l'autre se conformant à l'idéal religieux que les hommes se font du beau.

parurent d'abord sous les plis de la robe, et finirent, à la longue, par s'effacer tout à fait.

La ligne courbe et horizontale fit place à une ligne droite et raide, qui passa bientôt dans l'architecture. Le muscle, assourdi et mâté, se soumit à l'esprit victorieux. Le christianisme supprima, en quelque sorte, le corps de la femme ; ce ne fut plus qu'un vêtement qu'on regardait s'user avec joie, car à travers ses trous et ses défauts luisait plus distinctement l'aurore d'une autre vie. Dans tout cela, comme on voit, rien qui pût beaucoup encourager la nature à développer ses moyens ; elle se contint, pour ainsi parler, dans ses œuvres, et ne donna plus aux formes secrètes, dans des cas bien rares encore, qu'une demi-beauté affaiblie et voilée[1]. Impatientes de s'en délivrer, les jeunes chrétiennes portaient d'ailleurs, dans les premiers temps, leur chair avec joie au-devant des bêtes du cirque, comme si cette chair toute terrestre ne fût

[1] L'histoire des premiers temps du christianisme ne cite aucune femme remarquable pour la beauté du corps, tandis que les anciennes histoires nous ont conservé le nom d'un très-grand nombre.

bonne qu'à servir de nourriture aux animaux.

Nous avons dit que les chrétiens placèrent la beauté de la femme dans la tête, mais encore ne remarquèrent-ils dans celle-ci que les traits qui, tenant plus directement à l'esprit, pouvaient, en quelque sorte, le rendre visible. Le front[1], par exemple, siége de l'âme et des penchants élevés, s'accrut dans une proportion considérable. Les yeux s'agrandirent également et s'ouvrirent davantage, à mesure que l'œil interne de l'intelligence fixait vers le ciel un regard plus profond et plus étendu[2]. Les grands yeux et les grands fronts sont, en quelque sorte, des créations moder-

[1] Nous sommes obligé de nous servir ici de l'expression la plus usitée, quoique la moins exacte; il faudrait dire, pour être plus juste, le lobe antérieur du cerveau.

[2] Il n'est pas sans intérêt de rapporter ici le jugement de Winckelmann, qui blâme les artistes modernes, et notamment l'école du Bernin, d'avoir exagéré le volume du front et de l'orbe oculaire. La surprise et la colère de ce Grec moderne à la vue des monuments nouveaux de l'esprit humain, seraient celles de Praxitelle et de Phidias, si, rappelés soudainement à

nés, dues au génie du spiritualisme chrétien[1].

La bouche a aussi changé de forme ; elle est devenue plus expressive, plus avancée, plus parlante, en quelque sorte le moule du verbe au lieu d'un moule à baisers qu'elle était auparavant. Les mains ont gagné, surtout en chaste blancheur, en tendresse infinie et onctueuse ; c'est en les joignant que la femme prie ; ce sont ces mêmes mains qu'elle élève à Dieu pour lui demander la vie de son enfant malade.

Si nous résumons les traits qui précèdent, nous trouverons que la beauté chrétienne a tout ce qui manquait à la beauté païenne. Au lieu de ces objets quelquefois choquants par leur immodestie, que nous présente l'ancienne

la vie, ils voyaient la nature telle que le christianisme l'a refaite.

[1] La preuve c'est que les peuples matérialistes de l'Orient moderne ont continué de rechercher, chez leurs esclaves, l'absence de ces caractères intelligents. Les femmes de Géorgie et les Circassiennes, pour faire paraître leur front plus petit « se peignent, dit Winckelmann, les cheveux du toupet par-dessus, de façon que ces cheveux descendent presque jusqu'aux sourcils. » Les Turcs aiment également, dans leur concubines, des yeux modérés, en général peu ouverts.

civilisation, la femme chrétienne, avec son front en ogive, qui semble s'élancer vers le ciel comme les voûtes de nos églises, ses grands yeux éclairés par une secrète pensée de l'âme, ses joues d'une sainte pâleur, ses lèvres toutes divinisées par l'hostie, ses mains humblement croisées sur sa poitrine, comme Marie à la visite de l'ange, nous offre un tableau accompli de grâce sévère et de toute-puissante douceur. La femme chrétienne est belle autrement que les anciennes femmes de Sunium ou de Corynthe, mais elle est aussi belle.

Bien plus, ce changement fut un progrès. La beauté amenée dans le monde par le christianisme est au-dessus de l'ancienne beauté de toute la hauteur qui sépare l'esprit des sens, le fini de l'infini. Elle est comme la vie même du chrétien sur la terre, un sublime martyre, un sacrifice sublime, celui de la nature inférieure de la femme à sa nature supérieure et divine. La pudeur, inconnue des peuples sauvages, à peine soupçonnée des anciens, qui lui avaient pourtant dressé des autels et des statues, ne reposa vraiment ses ailes que sur le front de la femme chrétienne. Bannie des anciens temples, cette aimable vertu fit son sanctuaire de ce temple vivant que saint Paul nous apprend être la vraie demeure de Dieu, *templum Dei estis.* Elle y répandit une nouvelle beauté incomparable ; car la beauté n'est, dans son acception morale, que le devoir même exprimé sur les traits purs du visage.

Toutefois, le christianisme ne contenait qu'une demi-beauté, non plus qu'il ne révélait qu'une vérité incomplète. Cette guerre frénétique contre la nature, ce duel éperdu établi pour l'homme et dans l'homme même, entre les deux principes de la création, ne pouvait durer. Après avoir bien saigné sur la croix, la chair, meurtrie, abattue, torturée, protesta, et cette protestation se nomme la renaissance. Ce fut en effet l'antiquité payenne qui renaquit sur les premières ruines du christianisme ébranlé. Un instant la beauté chrétienne à son déclin se rencontra avec la beauté antique qui reparaissait, et il y eut alors dans le monde cette double influence dont les premières œuvres de Raphaël sont l'expression. Mais l'équilibre ne pouvait s'établir alors entre les deux doctrines; il ne faut pas perdre de vue que la renaissance fut une réaction, et, comme toutes les réactions, elle se montra violente, absolue, excessive. La forme chrétienne ne fut pas seulement attaquée dans ses défauts, qui étaient la sécheresse, la maigreur, la simple délinéation des contours et non ces contours eux-mêmes, mais elle fut radicalement niée par les artistes. Comme ces jeunes gens qui, au sortir de la continence du premier âge, recherchent surtout chez la femme la couleur, la vie et l'abondance des muscles, l'humanité, dont l'école de Rubens ne fut en cela qu'une manifestation directe, avait un appétit surprenant de débauches, excitée qu'elle était par le long jeûne chrétien. Ce fut de toutes parts un épanchement forcené qu'un artiste a nommé, dans ces derniers temps, la *fête de la chair.*

Or, nul doute que la nature ne suivît en cela le nouveau mouvement des esprits. D'authentiques monuments nous apprennent que le 16e siècle vit éclore un nombre prodigieux de fortes femmes dans le goût payen; la beauté nouvelle eut, comme l'art lui-même, le caractère d'une révolte, elle donna dans l'excès et dans l'hyperbole. Un luxe de sang immodéré, une santé provocante, une effronterie incroyable de proéminences lascives, succédèrent chez la femme aux formes comprimées du moyen âge et dépassèrent même en audace charnelle tout ce que la nature avait osé chez les anciens.

L'humanité garda pourtant du christianisme ce sentiment de l'infini, inconnu aux anciens, et ne pouvant s'en délivrer, quoiqu'elle fît, elle le transporta dans l'organisation elle-même; de là cette inquiétude du muscle et ce tourment nerveux qu'on remarque aux œuvres de Michel-Ange. Le masque humain, dans les temps modernes, a conservé cette agitation née de la fièvre de l'esprit que la foi calmait dans les premiers temps, mais qui, la foi au christianisme enlevée, laisse après elle un désir sans fin vers un but sans certitude.

La renaissance ne pouvait rien amener; car, qu'était-elle par elle-même? une révolte, comme nous l'avons vu, une négation, une revanche au profit de la nature longtemps humiliée et méconnue, un retour vers le passé qui

ervit pourtant à l'avenir. Elle consacra le prin-
ipe de la matière et de la forme, dont le chris-
ianisme avait fait bon marché. Du fond de son
tombeau Vénus se leva et demanda aux hommes depuis quand ils avaient désappris la
eauté visible de la femme. La renaissance
ut donc utile, mais comme moyen, comme
ransition. Du reste, elle s'évanouit bientôt
lle-même, son œuvre faite. Née un peu
vant le 16ᵉ siècle, elle expira avec la royauté.
93 passa sur tout cela et tout fut dit.

Il y a des moments dans l'histoire de l'humanité où toutes les vérités anciennes étant
mises en question et rien de nouveau ne se
levant encore pour éclairer les esprits, il se
fait en tout un silence lugubre mêlé d'ombre
et de solitude. Nous sommes à un de ces moments. Dieu se lamente au fond des conscien-
ces éperdues comme s'il allait mourir. Or,
vérité, beauté, esprit et forme, tout baisse
alors, tout tombe. La nature elle-même
n'étant plus excitée par aucun élan moral,
s'arrête comme épuisée. La laideur gagne
avec le doute, et bientôt le masque humain,
le visage de la femme surtout, n'est plus

qu'un miroir dégénéré où tout s'efface.

Il y a eu dans ces derniers temps un incroyable envahissement de difformités physiques; on ne retrouve plus sur la figure des femmes qu'une expression muette, chez d'autres encore des penchants bas et voraces. La croyance du ciel s'étant retirée, les instincts ont pris la place des sentiments. Les quelques visages qui n'ont point obéi à cette loi générale de laideur et de dépérissement présentent aux regards exercés ce qu'il y a au fond des esprits eux-mêmes, l'attente d'une foi nouvelle, d'une vérité nouvelle. Voilà où nous en sommes.

Mais Dieu ne mourra point, ni la beauté non plus, dont il est le principe et l'agent dans toute la nature. Cette mort apparente est une transformation. L'humanité découvrira prochainement un nouveau lien de ses connaissances, et cette découverte sera un progrès sur toutes les religions anciennes. Or, l'esprit ne se transforme point sans transformer avec lui l'organisation qui lui est inhérente. Chaque nouvelle conquête de l'intelligence écrit pour ainsi dire dans la chair un progrès nouveau, et ce progrès, manifesté au dehors par les traits du visage, la conformation tout entière de l'individu, tend de plus en plus vers la beauté.

Ici se présente une embarrassante question à résoudre, celle de savoir si la laideur doit disparaître un jour du genre humain.

Il faut d'abord s'entendre sur les mots ; il y a deux genres de laideur comme il y a deux genres de beauté : l'une positive, l'autre purement relative. Cette dernière n'étant qu'une simple affaire de convenance personnelle, rentre dans le raisonnement de Pascal. « Il y a un modèle d'agrément et de beauté qui consiste en un certain rapport entre notre nature faible ou forte, telle qu'elle est, et la chose qui nous plaît. Tout ce qui est formé sur ce modèle nous agrée : maisons, chansons, discours, vers, prose, femmes, oiseaux, rivières, arbres, chambres, habits. Tout ce qui n'est point sur ce modèle déplaît. » Or, on peut dire que cette laideur-là, toute de sentiment et de fantaisie, n'existe pas. C'est ce qui fait que certaines têtes, peu goûtées du public à cause de quelques bizarreries naturelles, sont au contraire fort recherchées des artistes et de ceux qui ont le goût excentrique. La nature, en variant les différentes notes du visage, a prévu elle-même les harmonies sans nombre auxquelles ces notes donneraient naissance.

Il y a une autre laideur qui résulte d'un mauvais arrangement des parties et d'une déviation réelle des lois de la beauté : c'est celle que nous avons nommée positive. Mais cette laideur elle-même qu'est-elle au fond ? un défaut, une privation, une limite ; elle a dans l'organisation le même caractère que le mal dans l'ordre moral ; lequel est pour ainsi dire un néant du bien[1]. Or, le mouvement de la civilisation consiste à ramener tout vers la plus haute perfection qu'il soit donné aux êtres créés d'acquérir. Elle a donc pour mission d'effacer le mal et par conséquent la laideur, en faisant disparaître de la masse et des individus eux-mêmes, peu à peu, les restes de l'état de nature. Les figures que nous nom-

[1] Le mal est si étroitement lié avec le laid, qu, pour mieux dire, est si bien la laideur elle-même, que dans le symbole chrétien Satan, qui est le mal suprême, est en même temps la suprême laideur.

mons chez nous figures communes, pour désigner un ensemble de traits bas ou difformes, sont le plus souvent des figures arriérées. On retrouve, en effet, dans la population mouvante qui circule perpétuellement sous nos yeux, tous les types reconnaissables encore de l'état primitif à peine modifié. L'inflexion de la ligne du nez, qui passe en effet chez nous, avec raison, pour un écart de la vraie beauté, qu'est-ce, je vous prie? sinon une trace de la forme propre aux races noires ou sauvages. Nous en dirons de même des fronts renversés, des yeux fuyants vers les tempes, des pommettes saillantes, des bouches épaisses, de la pesanteur des joues, et généralement de tous les caractères de la laideur, qui sont en même temps des caractères de la barbarie.

La preuve que la laideur est une dégradation physique, c'est que tous les nobles mouvements de l'âme tendent à l'effacer des visages sur lesquels même elle se rencontre. Il n'y a pas de femme au monde qui soit laide quand elle regarde avec amour son enfant. L'habitude des actes élevés de l'intelligence soutient également le masque humain à une certaine hauteur d'expression, dont les vices bas et rampants le font brusquement redescendre. On peut donc conjecturer avec certitude que la civilisation tend à imprimer de plus en plus au visage de l'homme et de la femme un caractère progressif de beauté. La laideur, si elle ne s'efface pas tout à fait, diminuera du moins sensiblement ; elle s'éloignera à l'horizon avec tout le sombre cortége des maux qui affligent l'humanité, comme les ténèbres s'éloignent après une nuit de printemps quand l'aurore se montre et s'avance dans le ciel[1].

[1] Ajoutez aux causes de laideur qui devront diminuer dans l'avenir, les mauvais soins et les mauvais traitements qui naissent du mauvais état de la fortune privée, tels qu'une nourriture insuffisante ou malsaine, le vêtement trop succinct pour résister aux intempéries de l'air, l'habitation mal close ou fétide. Quand la fille du peuple sera mieux nourrie, mieux vêtue, mieux logée, elle acquerrera cette santé, cette fraîcheur qui, si elle ne suffit point tout à fait à la beauté, en est du moins le commencement ; l'éducation fera le reste, ou, pour mieux dire, contribuera avec un ensemble de causes sociales à développer de plus en plus les premiers dons de la nature.

Enfin, la science, par ses conquêtes dont chaque jour verra accroître le nombre, repoussera d'autant la

Il restera néanmoins toujours de la laideur dans le monde comme il y restera toujours du mal. Mais cette laideur, simple résultat de notre nature finie, ne sera, sous un rapport, qu'une variété du beau destinée à le faire valoir chaque jour davantage.

Essaierons-nous de prévoir la nouvelle forme que la beauté doit revêtir dans le monde après les temps de décadence où nous sommes? Il nous semble qu'elle tendra comme tout le reste, dans l'ordre moral, vers un grand caractère d'unité. Le nouveau dogme ayant réconcilié la nature avec la foi, la beauté accomplira également les fiançailles de la chair et de l'esprit. La femme de l'avenir se doublera pour ainsi dire de la femme chrétienne et de la femme païenne, fondues ensemble dans l'unité de personne.

laideur et l'écartera progressivement de l'individu. N'en avons-nous pas déjà un exemple dans ces fléaux disparus, surtout dans le plus cruel de tous, par la lèpre hideuse qu'il étendait sur tout le corps, et par les traces ineffaçables qu'il laissait à la figure. Les maladies, sans cesser entièrement, s'atténueront et avec elles les difformités qui en sont trop souvent la suite.

Toutefois cette fusion ne sera pas, comme certains l'entendent, une confusion; tout en relevant la forme de l'anathème impie que les âges barbares ont prononcé sur elle, la nouvelle vérité communiquée au monde la subordonnera toujours à l'idée, comme les sens à l'âme. La tête de la femme conservera, augmentera même cette expression élevée, pure, virginale, que le christianisme lui a conquise; seulement elle sera sainte selon la nature au lieu de l'être selon un ordre surnaturel qui échappe au sens et à l'esprit lui-même.

Cette nouvelle beauté, fruit d'un dogme nouveau, transfigurera la femme du passé sans lui ôter aucun des caractères que les progrès antérieurs lui ont acquis. Elle servira de même à réhabiliter le sexe dans toutes ses manifestations. Au point de vue de la dignité humaine, la beauté de la femme ne sera plus dans l'avenir une raison pour elle d'être traitée de l'homme comme un simple animal de plaisir; elle sera le voile précieux de beautés intérieures plus précieuses encore qui lui feront prendre dans le monde une place proportionnée à l'estime qu'on fera d'elle. Au point de vue religieux, la beauté mettra, pour ainsi dire, la vérité éternelle et incréée à la portée des sens eux-mêmes ; une femme belle selon la nature et selon l'état élevé de la civilisation qu'elle exprime est en effet un des spectacles les plus saints que le monde nous offre. Quand même Dieu n'aurait pas envoyé d'autres anges sur la terre pour manifester aux hommes ses merveilles et sa toute-puissance, nous devrions encore croire devant elle à une révélation.

—◦❦◦—

Jusqu'ici la femme n'était point aimée, parce que la femme n'était point une personne ; simple chose à l'usage de l'homme dans l'état de nature, simple fonction sous le régime de la polygamie, simple agent de plaisir, simple jouet encore durant toute la civilisation grecque et latine, la femme n'est arrivée que dans les temps modernes à se faire reconnaître pour une créature morale à l'image de l'homme, digne par conséquent de son estime et de son amour.

Si quelques esquisses de ce sentiment se montrent dans les âges précédents, ce ne sont jamais que de légères nuances de l'égoïsme lui-même mal déguisé. Dans l'état sauvage, l'homme aime la femme pour les services qu'elle lui rend, comme on aime une mécanique qui fonctionne bien. Mais d'attachement réel il n'en existe point : tout au plus de temps en temps un instinct fatal, une force aveugle, commune aux plantes et aux animaux, qui a son siége dans les organes et qui s'arrête à la fonction de ces mêmes organes. Les lois de l'amour ne sont guère pour eux, comme pour les êtres privés de raison, que les lois du calorique[1].

[1] L'instinct de la génération se manifeste, chez quelques espèces de plantes, par une élévation très sensible de température dans l'appareil sexuel. L'éréthisme, dans les temps de rut, est également accompagné d'une chaleur très-prononcée chez les animaux, chaleur portée par l'afflux des forces vitales sur les organes génitaux. On sait que l'influence de la saison, chez les animaux sauvages, et de la nourriture, chez les animaux domestiques, produit également ce hénomène, dû dans les deux cas à une surexcitation.

Dans la polygamie primitive, la femme est aimée comme la terre pour les fruits qu'elle rapporte. Il est vrai de dire qu'elle rend bien à l'homme la même indifférence. Douée en général de sens pour ainsi dire négatifs et d'une organisation vénérienne plus passive que celle de l'homme, la femme n'aime point du tout quand elle n'aime point par le cœur. Or, quelle affection pourrait-elle avoir pour un être qui partage ses faveurs entre plusieurs rivales, sans les attacher à aucune? Dans l'Orient moderne, les femmes éprouvent plutôt du dégoût que de la passion pour les hommes et trompent généralement entre elles la nature par des moyens qu'on n'ose dire.

En Grèce et à Rome l'amour était inconnu dans le mariage; on le réservait pour ces créatures dites hétaïres et pour les jeunes garçons équivoques comme le Bathille d'Anacréon ou l'Alexis de Virgile; or, ce qu'était ce sentiment chez les anciens, nous pouvons le connaître avec certitude par le témoignage des poètes.

Il y a deux amours comme il y a deux beautés. L'un, tout physique, était le seul qui fût connu des anciens. Ce qu'ils adoraient dans la femme c'étaient ses bras de cire vierge plus ambitieux d'étreintes que les lierres lascifs; ses épaules blanches et polies comme la lune quand elle reluit sur la mer de Chypre pendant la nuit; c'était le bon air qu'elle avait à danser sur le mode ionien ou à relever en nœud sa longue chevelure; enfin c'était la forme et rien de plus. En quoi consistait donc la cour qu'on lui faisait? en sérénades où les flûtes faisaient entendre les plaintes de l'amant[1], en présents magnifiques, en largesses de toutes sortes généralement mieux accueillies que les vers et les chansons. Le lit d'une hétaïre grecque ou d'une courtisanne romaine ressemblait à celui de Danaé, où Jupiter lui-même ne put s'introduire qu'en pluie d'or. Le soupirant avait-il franchi tous les obstacles et vaincu toutes les résistances, il ne gardait plus alors aucune mesure. Un amour brutal, comme l'objet même qui l'inspirait, arrachait à la femme sa couronne de lierre en-

[1] .... *Neque in vias*
.... *Subigatuum querulæ despice tibiæ.*

gagée dans ses longs cheveux, déchirait son vêtement et couvrait ses beaux bras de morsures dont ceux-ci gardaient la marque[1].

Les anciens n'aimaient donc la femme que pour ce que l'on voit d'elle et ce qu'on en touche; or c'est encore ici le lieu de citer une remarque de Pascal : « Celui qui aime une personne à cause de sa beauté, l'aime-t-il? non; car la petite vérole qui ôtera la beauté sans tuer la personne fera qu'il ne l'aimera plus. » Dès qu'en effet les premières gelées blanches de l'âge enlevaient à ces filles si recherchées les agréments de leur personne, on voyait bientôt leurs amants se retirer d'elles et leur cour diminuer comme celle d'une reine déchue. Il est curieux de lire avec quelle implacable sécheresse de cœur les poètes triomphent alors de ces malheureuses et quelle froide vengeance ils tirent des refus qu'ils en ont autrefois subis, en leur reprochant maintenant leur nez humide, leurs dents noires et leurs fenêtres évitées des passants.

[1] *Incontinentes injiciat manus,*
Et scindat hærentem coronam
Crinibus, immeritamque vestem.

En vain objecterait-on que ces femmes étaient des affranchies et des courtisannes; Plutarque nous enseigne très-clairement que les femmes honnêtes n'avaient droit à aucun sentiment tendre ; les anciens aimaient la femme avec leurs sens, sous peine, dans le cas contraire, de ne point l'aimer du tout.

Certes si l'humanité se fut arrêté là, il faut avouer, malgré tous les éloges que les rhéteurs font de la Grèce et de Rome, que le sort de la femme eut langui dans une épouvantable abjection. Les anciens aimaient la femme par l'endroit où la femme existe le moins, par le contour, par la surface. Ce n'était pas l'être lui-même, c'était l'ombre charnelle de l'être qu'ils désiraient. Rien de surprenant alors à ce que leurs sentiments pour la femme fussent bornés, puisque ce qu'ils cherchaient précisément en elle c'était la limite.

Nous tirerons le voile sur d'autres amours plus obscènes et plus humiliants encore pour la femme. Nous laisserons Horace, confondant toutes les lois de la nature, nous dire avec un cynisme que la grâce du langage rend encore plus choquant :

Amore qui me prater omnes expedit
Mollibus in pueris
Aut in puellis urere.

Il était nécessaire que l'esprit se créât une nouvelle conception des choses pour que l'humanité sortit de ces régions basses de l'amour. C'est alors que le christianisme parut. Jusque-là il y avait eu entre l'homme et la femme conjonction; il n'y avait pas eu mariage proprement dit. La religion nouvelle se donna dans le commencement comme le lien des âmes; elle unit l'homme à la femme bien moins par les attaches périssables de la chair que par les tendances de l'esprit. Elle substitua à l'amour ancien la charité, qui indique un sentiment plus doux, plus onctueux, plus durable. La femme devint la compagne spirituelle de l'homme. Une sainte et éternelle alliance les joignit l'un à l'autre, et la mort elle-même, loin de les séparer, devait les rapprocher davantage quand leur être immortel se serait dépouillé du corps. Ce nouvel amour

ramena à sa suite la sainte pudeur que Juvé-
nal prétendait de son temps avoir quitté la
terre avec le règne de Saturne[1]. Les joues de
la femme, sanctifiées par le jeûne et la prière,
devinrent le siége de cette vertu secrète comparée par les poètes mystiques à la rose, sans
doute parce qu'elle se révèle tout à coup par
une douce rougeur dans les moments de surprise ou de péril.

La modestie fut regardée comme le voile
naturel de la beauté; et celle-ci même se
montra tellement épurée de tout désir profane,
de toute forme terrestre, pour ainsi dire, que
le cœur ne put s'attacher en elle qu'à ce qui
laissait transparaître la lumière intérieure de
l'âme[2].

Nul doute donc que l'amour chrétien n'ait

[1] *Credo pudicitiam saturno rege moratam...*

[2] Rendons encore hommage au christianisme pour
avoir fixé de plus en plus la séparation des sexes. Il a
banni définitivement ce double amour qui correspondait
chez l'homme à une double beauté rendue par les anciens sous les traits de l'hermaphodite. Si ce penchant
ténébreux règne encore chez quelques individus dans
les nations modernes, du moins n'ose-t-il plus s'avouer.

puissamment contribué à réhabiliter la femme en reconnaissant en elle une personne, une âme, une alliée naturelle de l'homme ; mais en même temps cet amour aspirait bien plus au créateur qu'à la créature. Cette dernière n'était même à ses yeux qu'une cause perpétuelle de chute, une douce ennemie contre laquelle il fallait constamment se mettre en garde. Le chrétien craignait toujours de mêler la chair à ses sentiments. Il en résultait chez lui un trouble continuel, une défiance des moindres plaisirs, même les plus légitimes, et par suite une guerre intérieure pour se délivrer de la nature. La femme, pour le mari chrétien, devait être comme si elle n'était pas[1].

En établissant la foi à un monde surnaturel, le christianisme avait ouvert devant le cœur humain un horizon sans borne dans lequel celui-ci s'élança avec une sorte de démence. Le véritable amour chrétien consistait dans le détachement de tous les êtres créés

---

[1] *Et qui habent mulieres utantur tanquam non habentes.*

et dans l'absorption en Dieu. On ne saurait nier du reste que cet amour contre nature n'ait enfanté des merveilles. C'est lui qui éteignait dans saint Jérôme, l'une des plus tempétueuses organisations qui fût jamais, les feux de la concupiscence pour y allumer une farouche passion de l'infini. C'est lui qui mutila Origène. C'est lui qui ensevelit dans la solitude le cœur de sainte Thérèse, ce cœur qui avait soif et qui buvait au calice du Christ une joyeuse souffrance mêlée de je ne sais quelle douceur amère et désespérée.

Mais, malgré toute sa grandeur, cet amour était faux, hors de la nature, incomplet comme la vérité dont le christianisme était la révélation, comme la beauté à laquelle il donna naissance.

Cet amour ne dura point et la nature reprit enfin le dessus. La renaissance qui avait ramené la beauté païenne ramena en même temps l'amour païen. On rechercha de nouveau dans la femme ce que les anciens y cherchaient ; on fit la cour aux beautés de ce temps-là avec les mêmes sentiments et presque dans les mêmes termes qu'Horace la faisait à Néère et Catulle à Lesbie. On eut des passions à la grecque; on brûla par réminiscence.

Courte fut cette renaissance factice de l'amour, à laquelle succéda bientôt, toute vérité étant éteinte, toute beauté absente, un lamentable égoïsme. Aujourd'hui l'on s'aime soi-même avec ses jouissances. Le cœur est atteint de cette mort ou au moins de cette paralysie morale qui envahit tout le reste. Notre âge a vu à peine deux ou trois attachements profonds; encore ces attachements étaient-ils empreints de je ne sais quelle fatalité sombre, indice certain d'âmes fortes qui luttent contre les ruines d'un monde. Le reste n'a même plus la force d'une passion; il achète l'amour tout fait comme le boire et le manger, ou, pour mieux dire, il ne s'en soucie même pas; la fonction aveugle et le désir stupide lui suffisent.

Un amour nouveau renaîtra dans le cœur de l'homme et de la femme, comme le phénix renaît de ses cendres, mais c'est lorsque l'intelligence aura retrouvé une vérité nouvelle et le sentiment une nouvelle beauté. Essayons de prévoir et de définir à l'avance ce que sera cet amour.

Nous avons rencontré dans l'histoire du cœur humain un premier amour tout organique, destiné uniquement à servir les vues de la nature dans l'accouplement des sexes. Ce sentiment, d'abord grossier chez l'homme et la femme comme il est chez les animaux, prend bientôt une certaine délicatesse ; il cesse peu à peu d'être le fruit d'une convoitise aveugle, pour devenir un choix plus ou moins libre. Quelque chose d'entraînant et de subtil comme la beauté, le regard, une secrète pénétration des fluides[1] donne naissance à ces sympathies

---

[1] On sait que Henri III étant entré, au milieu d'un bal donné par Catherine de Médicis, dans le cabinet où Marie de Clèves venait de changer de chemise, en devint amoureux pour toute sa vie.

Il y a mille autres faits non moins curieux qui prouvent l'influence de ces communications en quelque sorte magnétiques sur les sentiments. Certains peuples d'Orient choisissent leurs femmes sans les apercevoir, celles-ci étant soigneusement voilées et couvertes tout le temps qu'on leur fait la cour ; mais les hommes devinent celles qui leur conviennent à l'odeur,

qui se retrouvent encore chez certains oiseaux[1].
Cet amour d'en bas, quoique indigne de
l'homme et de la femme quand on s'y arrête,
ne contient en soi rien de positivement mauvais ; il n'a que le défaut de borner le cœur
à de purs instincts. Ces instincts s'unissent
quelquefois à l'Intelligence, et, de concert,
poursuivent alors dans les organes un bien infini. Il en résulte ces grands efforts sensuels
de l'homme ou de la femme pour embrasser le
monde entier dans ses plaisirs ; efforts gigantesques, dont les derniers temps de la Grèce
et de Rome nous offrent l'étonnant spectacle.

et deviennent quelquefois très-épris de ces femmes
qu'ils n'ont jamais vues.

Chez nous, les jeunes gens un peu exercés savent
très-bien reconnaître sous le masque et le domino
une belle femme d'une laide. Il y a autour de l'une et de
l'autre une atmosphère différente. Une belle femme
masquée est belle à travers son masque ; quelque
chose rayonne autour d'elle, que le satin et le velours
peuvent bien couvrir, mais non éteindre tout à fait ;
il en est de cela comme des globes de cristal dépolis,
qui, posés autour de la flamme d'une lampe, laissent
toujours passer un peu de lumière.

[1] Les perroquets, par exemple.

Don Juan, cette vaste création moderne, qu'est-ce encore sinon l'immensité du désir porté sur les objets finis? Il y a quelque chose de grand dans cet abaissement même. Ce que l'homme cherche sans le savoir, au bout de toutes ces orageuses et violentes agitations des sens, c'est encore Dieu, mais c'est un Dieu introuvable, qui fuit toujours devant les bonds du désir dans le vide désert des sensations, là où l'esprit ne vit pas.

Ce premier amour n'est point à supprimer, comme se l'imaginait le christianisme, car il a été mis en nous par la nature, et l'on ne détruit pas impunément ce que la nature a fait. Il est au contraire utile de le cultiver pour lui faire acquérir plus de délicatesse et de pureté. Les hommes et les femmes dans l'avenir prendront au commerce même des sens un plaisir sanctifié par l'esprit.

Nous ne doutons pas non plus que, dans l'avenir, l'organisation de l'homme et de la femme ayant beaucoup gagné en exquise finesse, on n'arrive à reconnaître les qualités de l'âme, par lesquelles surtout les êtres intelligents doivent s'unir, à mille nuances fugitives, comme au son de la voix, à la lumière du regard, au courant magnétique des fluides dont on se pénètre mutuellement. Tous les sens joueront un rôle dans cette connaissance. Les individus faits pour s'aimer se reconnaîtront à l'ouïe, à l'odorat, à la vue, au tact, comme on devine un oiseau à son chant, une fleur à son parfum, un fruit à sa couleur, une riche étoffe à son toucher. A mesure que cette substance opaque et boueuse qui composait les premiers individus créés, ira toujours se transformant en une chair plus délicate, plus transparente, plus sensible, les organes se spiritualiseront eux-mêmes en quelque sorte, et contribueront alors d'autant plus à unir étroitement l'homme à la femme.

Mais l'être intelligent est fait encore pour un autre amour. Tandis que l'animal s'engloutit, pour ainsi dire tout entier dans la sensation même, l'homme et la femme doivent s'élever à des sentiments plus dignes d'eux. Comme à la vue d'une statue on remonte à la pensée de l'artiste qui l'a faite, et l'on cherche pour ainsi dire à la contempler dans cette pensée pour mieux en jouir, ainsi à la vue d'une femme belle et aimée l'homme vraiment religieux doit s'élever à l'idée du créateur qui lui a donné naissance. Ceci a même lieu naturellement. On ne comprendrait pas les transports de l'amour, ni les actes étonnants qu'il enfante, si cet amour portait seulement sur l'être créé tel qu'il existe ici bas, c'est-à-dire escorté de misère et rempli de néant. Non, les amants se font l'un de l'autre, comme ils l'avouent eux-mêmes, un idéal qui leur crève agréablement les yeux et les empêche de se voir tels qu'ils sont. Ils se voient, dit-on même communément, avec les yeux du cœur ; c'est qu'en effet ces yeux-là aperçoivent plus haut et plus loin que les autres ; ils vont où l'autre regard n'arrive pas. Ces yeux découvrent en quelque sorte la femme au-delà de la femme.

Ceci nous aidera encore à comprendre comment certains hommes ont souvent aimé avec excès des femmes très-imparfaites ; on pourrait dire du culte de l'amour ce que dit Pascal du culte en général : « C'est une chose étrange qu'il n'y a rien dans la nature qui n'ait été capable de tenir la place de la fin et du bonheur de l'homme : astres, éléments, plantes, animaux, insectes, maladies, guerres, vices, crimes, etc. » On voit de même des femmes qui, avec des défauts choquants et souvent une extrême laideur, remplissent le cœur d'hommes très-supérieurs à elles. Or, il est bien clair que ces femmes-là sont seulement aimables par l'idéal qu'on s'en fait, et lorsque plus tard cet idéal s'efface ou se transforme, on voit ces mêmes hommes rougir devant leur fétiche, comme un jour l'humanité, ayant changé la notion de l'Être-Suprême, se prit à rougir devant ses idoles.

Souvent encore cet idéal vient se rompre comme une glace limpide aux transports des sens, ou bien il se trouble comme un ruisseau qui, cessant tout à coup de réfléchir l'image du ciel, n'offre plus qu'une confusion désagréable. La vision de la femme, aperçue dans son idéal, arrivant à disparaître soudain, il ne reste plus autre chose que la femme, la femme réelle, la femme animale, un assemblage de chair et d'os. C'est alors que trop souvent la désillusion suit l'enchantement et que l'amour meurt de sa victoire.

L'homme et la femme qui s'aiment véritablement se voient dans ce qu'ils sont en Dieu;
ils se voient dans cet idéal qu'ils réalisent imparfaitement à cette heure, mais qu'ils réa-
liseront toujours de plus en plus[1]. Ils vont se
surprendre l'un et l'autre, hors de l'espace et
du temps, ces deux limites, dans le sein même
de l'infini et de l'incréé. De là vient que l'a-
mour, quel qu'il soit, implique toujours instinctivement une vague croyance; nous dé-
fions qu'on puisse citer un athée qui ait été
vraiment amoureux dans sa vie.

[1] On nous permettra de citer ici quelques lignes d'un roman où nous exprimions la même idée sous la forme du dialogue : « — Écoute : tu es beau, mon statuaire, tu es jeune, tu as de grands yeux noirs dont je suis folle; depuis six mois que je te connais, je découvre chaque jour en toi mille charmes nouveaux; je ne doute pas que plus je te saurai à fond et plus je t'aimerai, mais c'est le sort de nos amours ici-bas de dépasser toujours leur objet. L'homme et la femme qui s'aiment le mieux ne se remplissent jamais tout le cœur. Ceci prouverait que cette vie ne nous contient pas tout entiers, et que nous nous retrouverons ailleurs tels que nous nous aimons. Si beau que tu sois, le Stell que j'ai dans le cœur l'est encore plus; je t'aime sans doute tel que tu seras un jour. » *Le Magicien.*

C'est en cela que l'amour est un penchant civilisateur ; il sollicite sans cesse l'homme à s'élever, à se rapprocher de plus en plus non-seulement de la femme, mais du dessein qui lui a donné l'être. Si, en un mot, l'amour est si grand, même appliqué à des créatures imparfaites, c'est qu'il y entre à notre insu quelque chose de Dieu.

Cet amour idéal, cet amour d'en haut, s'il est permis de le désigner de la sorte, n'est d'ailleurs pas contraire à l'autre, comme le croyait le christianisme, mais supérieur seulement. Ils se réconcilieront tous les deux dans l'avenir pour embrasser la création tout entière. Le premier sera la communion des organes, comme le second est la communion des âmes. La femme, esprit et corps tout ensemble, sera aimée deux fois dans un même amour.

Reste ici une question fort importante à examiner, puisque de sa solution dépend toute la suite de cet ouvrage, celle de savoir si la forme moderne du mariage répond à tous les besoins du cœur de l'homme et de la femme. On en a douté dans ces derniers temps. Les raisons qu'on a donnée de ce doute sont que le cœur humain éprouve, comme tout l'homme en général, deux besoins, l'un d'unité, l'autre de variété, et que la monogamie ne satisfaisait qu'à un seul de ces besoins, à l'unité.

Nous avons vu en effet l'autre penchant, celui de la variété chez l'homme, produire, dans les âges précédents, la polygamie et le concubinage, lesquels durent encore en Orient, et se perpétuent même parmi nous sous des formes désavouées par la loi. Mais il y a, comme nous allons le voir, deux sortes de variétés en amour.

Pour les peuples de l'Orient, qui cherchent seulement dans la femme un animal à leur gré, la variété est toute physique et consiste seulement dans le nombre des individus. Il en est de même dans nos pays des hommes qui obéissent en amour aux pures lois des sens. Plus ils ont de femmes plus ils croient diversifier leurs plaisirs.

Mais ce changement perpétuel n'aboutit guère en somme qu'à une variété monotone. Les hommes qui ont usé de plusieurs femmes avouent, s'ils sont de bonne foi, que c'est toujours la même. Don Juan arrive à ne plus voir qu'une désespérante uniformité dans les nombreuses victimes de ses séductions. Cette variété, en effet, de créatures, c'est toujours le fini, et l'homme a dans le cœur un désir infini. De là dégoût et corruption. Les Orientaux passent bientôt de cet abus de femmes à un autre abus plus monstrueux encore, lequel ne tarde pas également à trouver sa limite dans l'excès même, et à tomber, comme le premier, dans l'indifférence.

La femme, pourvue en amour d'un attrait sensuel moins prononcé, se blase encore plus vite que le mâle. La variété des hommes est pour elle ce qu'elle était pour Messaline, une lassitude qui ne saurait éteindre le désir, *et lassata viris, nedum satiata recessit.*

Toute la question maintenant est de chercher s'il y a un moyen de faire entrer l'unité et la variété dans le commerce du même individu; nous croyons, nous, que ce moyen existe, et que par conséquent le mariage suffit à tous les besoins de l'homme et de la femme.

La variété telle que le cœur humain la veut, c'est-à-dire infinie, illimitée, n'est pas dans la matière, mais dans l'esprit. Lui seul opère en effet ces métamorphoses insaisissables qui forment une multitude de personnes au sein de la même personne, comme Dieu, qui se renouvelle sans cesse, éternellement multiple et un.

Chez les Orienteaux et chez tous les peuples soumis au Coran, il y a des femmes belles, mais d'une beauté immobile et toujours la même, véritables statues tièdes qu'on connait tout entières en une fois. De là sans doute la polygamie et le concubinage, autorisés par la loi, comme les seuls moyens qu'ait l'homme, dans ces contrées, pour renouveler ses plaisirs.

Mais ceci n'est encore que la barbarie et l'enfance des relations sexuelles. Le progrès consiste à chercher la variété dans la même femme, par suite de ces transformations sans borne que l'âme accomplit en elle perpétuellement. Une femme belle, dans l'avenir, par le corps et par l'esprit, le sera mille fois à chaque instant et de mille manières différentes. C'est ainsi que l'homme, porté en effet au changement par l'inquiétude qui accompagne toujours le désir, rencontrera pour ainsi dire la polygamie dans la monogamie.

Plusieurs femmes en une seule, voilà tout le secret du mariage dans l'avenir et la raison de son indestructible durée. Les deux besoins inhérents à la nature de l'homme, l'unité et la variété, se trouveront de la sorte pleinement satisfaits, le même individu étant à la fois la maîtresse, la femme et l'ange de l'homme.

L'esprit, toujours mobile, inquiet, variable, peut seul opérer ce miracle de la multiplication de l'objet aimé qui répond aux désirs infinis de l'objet aimant. Voilà pourquoi l'unité du mariage, impossible chez les peuples naissants et imparfaits, où les femmes ne représentent encore guère que des choses, ira toujours se formant de plus en plus à mesure que la femme deviendra une personne, une âme, un ensemble animé de perfections diverses [1]. Toujours la même et sans cesse re-

---

[1] On a cru trouver un obstacle à l'unité du mariage dans les changements que l'âge amène quant à la beauté de la femme; mais ces changements eux-mêmes sont une source de variété qui concourent à la renouveler sans cesse aux yeux de l'homme. Tous les

nouvelée, transfigurée, elle ira de la sorte comme au-devant de tous les mouvements nouveaux qui naîtront dans le cœur de l'homme.

L'éducation contribuera avec la nature, de plus en plus ingénieuse, pour varier la femme, de manière qu'elle remplisse à elle seule tous les désirs et tous les besoins du mariage. La femme, dans l'avenir, devra être à la fois intelligente, sensible et belle, afin qu'on puisse

âges ont, comme les saisons de l'année, une beauté qui leur est propre. Encore bien que celle-ci s'associe de préférence avec la jeunesse, sans aucun doute à cause de la fraîcheur propre à cet âge, elle ne laisse point que de se montrer plus tard avec des variations. L'été mûrit chez la femme les premiers fruits de la nature, toujours un peu crus et acerbes d'abord, comme les fruits de l'arbe au sortir de la fleur. On a remarqué avec raison que les jeunes filles n'avaient ni mains, ni épaules, ni bras, et que ces dons précieux étaient ordinairement le partage des personnes de trente ans. L'automne, qui enlève à la femme les fleurs délicates de son tempéramment (et par automne nous entendons la quarantaine, âge redouté!), la revêt en même temps d'ornements nouveaux plus grands et plus majestueux. Un embonpoint fort noble, quand il ne dégénère pas en excès, prête à cette troisième beauté de la femme, l'aimer tout ensemble avec la tête, avec le cœur et avec les sens.

L'infidélité, loin de paraître aux yeux du monde une sorte de point d'honneur, étant alors flétrie comme un déplacement sans but et sans raison, ne se remontrera que dans des cas fort rares. Les occasions trop nombreuses, offertes de nos jours par l'indigence au vice opulent et brutal, s'étant d'ailleurs éloignées, nous ne doutons pas que l'union de l'homme et de la femme ne se consolide immuablement

souvent la plus recherchée de toutes, des agréments qui remplacent bien les pertes qu'elle a faites. L'âge efface les angles, adoucit les contours et dore la peau, plus onctueuse, de teintes plus blondes que les artistes apprécient. Enfin, il n'est pas jusqu'à la vieillesse qui n'ait ses beautés comme l'hiver a les siennes. Beautés austères et froides qui ne disent plus rien aux sens, mais que l'esprit admire encore comme les ruines vénérables de la nature.

Il est d'ailleurs à remarquer que les sens et les organes de l'homme suivent le même mouvement de décadence. Ils deviennent généralement incapables de servir aux œuvres de l'amour, précisément à l'âge où la femme cesse elle-même d'être belle et de remplir les vœux de la nature dans l'accouplement des sexes.

dans l'unité. C'est alors surtout que le mariage, éternisé par l'amour, deviendra vraiment une conquête de la civilisation et un progrès sur la nature. Au lieu de ces attachements bornés aux pures lois de l'instinct, qui accouplent les animaux entre-eux durant la saison du printemps et qui les sépare ensuite quand l'œuvre des sexes est accomplie, l'homme et la femme offriront le grand spectacle de deux êtres égaux, unis ensemble par les liens volontaires de sentiments indélébiles. L'unité, en amour, est d'ailleurs familière à l'homme et écrite par la nature même au fond de son cœur. Nous avons de nombreux exemples de fidélité au sein des cours les plus licencieuses[1]. Tous ceux qui ont vraiment aimé dans leur vie n'auraient aimé qu'une fois s'ils avaient rencontré ou s'ils avaient pu obtenir leur objet à temps. Or, l'œuvre du progrès sera justement de détruire les obstacles de fortune et de naissance que la société op-

---

[1] Henri II, par exemple, resta attaché toute sa vie à Diane de Poitiers. On cite même des rois de l'Orient qui se dévouèrent à l'amour d'une seule femme.

pose maintenant à la libre union des sexes dans les liens du mariage.

La religion, l'art, la politique elle-même rassemblant alors plus souvent les jeunes gens et les jeunes filles dans les temples, les spectacles et les autres endroits publics leur fourniront le moyen de se rencontrer plus aisément ; l'éducation s'unira à la société pour éclairer les goûts du cœur et pour bannir ainsi, pendant les années qui précèdent le mariage, ces choix aveugles qui le compromettent si souvent. Les individus, de plus en plus faits pour se comprendre, trouveront par-là de plus en plus le moyen de se joindre l'un à l'autre, selon leur nature, et de s'y arrêter.

Que si quelques jeunes filles, avant le mariage, égarées encore par de trompeuses illusions, tombent, elles se relèveront bientôt de leur chute par la force morale que la société imprimera à tous ses membres. Elles retrouveront ensuite une seconde innocence dans un amour plus vrai, plus légitime. L'amour de l'âme est cette fontaine Canathus dans laquelle les déesses grecques venaient se baigner, après une faute, pour redevenir vierges.

Résumons-nous :

La femme a été aimée des payens pour son corps, des chrétiens pour son âme ; elle sera aimée dans l'avenir pour l'un et pour l'autre. La forme légitime de cet amour dans la société est le mariage, d'abord multiple (la polygamie), ensuite un et indissoluble (la monogamie). L'œuvre de la civilisation est maintenant de faire entrer ces deux formes dans le mariage, de manière que la même femme suffise au double besoin d'unité et de variété qui se trouve dans le cœur de l'homme. Il faut pour cela que les deux individus créés l'un pour l'autre s'unissent librement selon les lois de la nature et de la providence, dans l'ordre de leurs sentiments réciproques, et non d'après les froids calculs de la convenance, de l'intérêt ou du hasard, comme cela se pratique parmi nous.

ÉTAT PRÉSENT DE LA FEMME ET MOYENS DE L'AMÉLIORER.

Propriété. — Éducation. — Croisement des classes. — Conclusion.

————◦◦————

Nous avons parcouru l'histoire de la femme à vol d'idée ; à l'aide du passé, nous avons même essayé de prévoir sa condition dans l'avenir ; entre ce qui fut et ce qui sera, il nous reste à dire ce qui est.

Or, ce qui est peut être envisagé à deux points de vue, dans la théorie et dans la pratique.

En théorie, la femme est libre ; unie à l'homme dès qu'elle est mûre pour cela, elle passe des liens doux et sacrés de la famille dans les liens non moins sacrés du mariage. Subordonnée au mari pour tout ce qui regarde l'administration extérieure des affaires, elle règne chez elle sur son ménage ; de cette sorte l'un et l'autre se partagent, chacun selon ses moyens, comme nous l'avons dit plus haut, l'œuvre de la conquête du monde. Du reste égale à l'homme, supérieure même par sa faiblesse, la femme a droit dans nos usages à la première place ; ses enfants lui appartiennent autant qu'au père, et deviennent plus tard comme l'ornement et la protection de son sexe quand l'âge lui a enlevé les premiers agréments de la beauté. Tant qu'elle est jeune, au contraire, les charmes de sa personne retiennent le cœur de son mari en même temps qu'ils demeurent, pour le monde, un objet de recherche et de prévenance. Enfin, l'amour allège encore le lien déjà si léger qui joint dans un mariage assorti la femme à l'homme, ou plutôt il devient ce lien même : aimer, c'est s'unir.

Si, en regard de cette théorie flatteuse, nous plaçons l'état présent de la femme dans notre société, nous demeurerons effrayés du contraste et nous serons forcés de convenir qu'ici, comme en bien d'autres cas, la pratique se montre fort éloignée du droit reconnu.

Et d'abord le mariage lui-même n'existe à

cette heure et ne peut exister que pour un petit nombre de femmes; le mariage est encore, au 19° siècle, un privilége. Nous croyons avoir démontré précédemment[1] que les circonstances imposaient aux jeunes filles du peuple, indépendamment même de leur volonté, toutes sortes de conjonctions illicites. Les trois états de la femme antérieurs à la civilisation moderne, le concubinage, la prostitution et la polygamie, se perpétuent forcément chez nous pour certaines classes. Quand donc nous parlions de progrès amenés depuis ces derniers temps dans l'union des sexes, nous entendions seulement une série de progrès réalisés pour quelques couples particuliers; la masse n'a point joui de ces développements du droit, ou n'en a joui qu'imparfaitement. A part quelques transformations sourdes et imperceptibles qui ont eu pour effet de modifier le mal, le sort de la femme, dans les classes pauvres, est resté ce qu'il était dans les âges précédents.

Il est pourtant vrai de dire que la question

____

[1] Dans *les Vierges martyres* et *les Vierges folles.*

de l'affranchissement du sexe faible a marché sans relâche; le progrès a d'abord fait tomber pour la femme les chaînes de cet esclavage positif dont l'homme l'avait chargée; il a ensuite créé pour elle peu à peu des institutions plus régulières et finalement le mariage dans sa forme la plus parfaite de toutes, le mariage unitaire, dont souvent la femme du peuple elle-même n'est plus séparée de nos jours que par l'absence de propriété.

Cet obstacle est en effet le seul qui s'oppose en certains cas, dans les classes ouvrières, à la liberté de la femme; mais cet obstacle est tout, et faute de le vaincre la plus grande moitié de la partie faible du genre humain languit, comme nous venons de le dire, dans une lamentable oppression qui ne diffère en rien, ou qui diffère peu de l'ancienne servitude.

Comme le sort présent de la femme du peuple tient partout, et notamment en France, à un ensemble de faits étroitement liés entre eux et se succédant les uns aux autres, il importe de connaître ces faits. La femme prolétaire est une suite des sociétés antérieures plutôt même qu'un effet de la société actuelle, ou, pour mieux dire, elle est à la fois l'une et l'autre.

Dans la lutte qui se déclara, tout au berceau du monde, entre l'homme et l'homme, entre la femme et la femme, lutte où il y eut, comme toujours, des vainqueurs et des vaincus, le signe de la victoire fut la propriété. Le mariage, qui commençait pour la femme une liberté imparfaite d'abord, mais toujours croissante, fut attaché, comme tout le reste, à cette propriété-mère, hors de laquelle il n'y avait pour l'homme et la femme, mais pour la femme surtout, qu'ilotisme, opprobre, absence de famille et de nom.

Ce fait originel de l'humanité l'est également de toutes les sociétés modernes. Toutes ont également commencé par une lutte, quelquefois celle de l'intelligence, le plus souvent celle de la force. Les individus plus avancés prirent violemment possession de ceux qui l'étaient moins, et ainsi s'organisa, pour le présent et pour l'avenir, l'esclavage sous une forme nouvelle, le servage d'abord, le prolétariat ensuite.

Les vainqueurs furent les nobles; à ceux-là

les fruits moraux de tout le travail que la civilisation avait accompli dans le monde depuis
l'origine, avec tous les biens matériels qui en
sont la suite, la propriété, le mariage, la famille. Les femmes de cette classe profitèrent
de tout, arrêtèrent tout à elles. De sorte qu'il
ne resta plus rien pour la masse, ou presque
rien. La femme du peuple continua, à quelques améliorations près, le misérable état de
choses qu'elle subissait dans les sociétés anciennes.

Le mariage avait toujours été se perfection-
nant dans le monde à mesure qu'il se rap-
prochait de l'unité; mais toujours aussi l'absence de bien, d'héritage, de naissance
mettait un obstacle entre la femme du peuple
et cette institution salutaire. La malheureuse
en était donc réduite à se faire entretenir
comme la courtisane grecque, ou à servir

Il y avait autrefois une expression fort en vogue
qui peint bien à quel point la femme du peuple existait
peu, on disait d'elle, dans le monde, qu'elle n'était
point née, ou encore qu'elle n'avait point de nom. En
dehors de la noblesse et du clergé il n'y avait plus que
néant.

tout ensemble, comme la femme sauvage, de domestique et de concubine à l'homme, quand encore elle ne lui servait pas de prostituée.

Serve, vassale, prolétaire, la femme du peuple, dans les temps modernes, a revêtu, comme le serpent, différentes peaux d'esclavage ; mais au fond la même misère, un peu adoucie seulement de siècle en siècle, et, par suite, la même abjection dans ses rapports sexuels, le même dérèglement de mœurs l'ont suivie constamment. Véritable chair à seigneurs pendant la tyrannie du moyen-âge ; aujourd'hui chair à riches et à banquiers sous la tyrannie de la finance, elle continue encore dans le monde, à un degré plus ou moins complet, ce rôle originel de chose, de machine à enfant ou à plaisir que les premiers hommes lui avaient imposé. Faute d'être par le mariage, lequel lui est interdit, comme nous l'avons prouvé ailleurs[1], une femme libre et considérée, la fille du peuple n'est rien du tout.

Plus nous descendrons et plus nous retrouverons les âges primitifs de la civilisation

[1] *Les Vierges martyres.*

naissance reconnaissables encore, pour la femme, dans les classes inférieures de la société moderne, tant l'action des mêmes causes barbares amène constamment les mêmes effets déplorables. Tous les caractères propres à l'esclavage ou à un état à peu près semblable existent encore chez les filles du peuple, esclaves de la faim, esclave du vice. Les unes n'ont point du tout de ménage, comme les prostituées; inférieures en cela à la femme dans l'état de nature, inférieures aux animaux eux-mêmes qui ont au moins leur terrier pour y cacher leurs petits, elles offrent le triste spectacle d'un être sans gîte; les autres, qui vivent en concubinage avec des ouvriers, habitent des réduits sous les toits; dépendantes, comme nous l'avons dit ailleurs, d'un travail journalier qui excède déjà leurs forces, elles n'en ont plus pour soigner leur misérable chenil, qui témoigne souvent non moins de dénûment et de malpropreté que la hutte la plus sauvage.

La famille également n'existe pas pour les femmes d'une certaine classe ou existe peu. L'hospice des Enfants-Trouvés, où la misère et le vice viennent déposer leurs produits anonymes, est un signe affligeant de l'élément sauvage, lequel persiste toujours parmi nous. Nous avons vu[1], en second lieu, dans certaines classes infimes, un commencement de famille, mais de famille vague et à peine naissante ; les enfants reçoivent bien d'abord quelques soins de la main de leurs parents ; mais une fois capables des premiers mouvements, ils sont chassés par la concubine elle-même hors de la maison, comme les nouveaux-nés, chez les carnassiers, sont dispersés après l'allaitement et renvoyés au loin pour ne point nuire, par leur voisinage, à la nourriture du père ni de la mère.

De beauté, il n'en est guère pour les filles d'une certaine classe ; déformées par les travaux, abruties par le vin, affligées d'un extérieur commun et de traits grossiers, les malheureuses perpétuent la figure des femmes dans l'état de nature, elles perpétuent surtout la figure de ces femmes qu'au moyen-âge on désignait sous le nom de *vilaines*, tant

____

[1] *Les Vierges martyres.*

il y a que la laideur est en général le partage de la misère et de l'abaissement.

Il ne faut pas non plus leur demander d'amour; résignées à l'homme, elles le servent dans ses besoins les plus brutaux, et servir n'est point aimer.

On le voit, la société actuelle reproduit tous les états de la femme antérieurs au mariage, plus toutes les misères attachées à ces états, seulement elle les reproduit diminuées, rétrécies, concentrées; auparavant c'était toutes les femmes qui étaient exclues du mariage et des bienfaits qui en sont la suite, maintenant ce sont certaines classes de femmes.

Dans ces classes, plusieurs femmes n'en sont d'ailleurs plus empêchées elles-mêmes que par la misère; nous avons indiqué à la fin des *Vierges martyres* les moyens que nous croyons propres à vaincre cet ennemi matériel; nous n'y reviendrons pas. Ces moyens sont, en deux mots, pour la fille prolétaire, le travail affranchi qui conquiert et l'économie qui accroît, aidés de tutélaires institutions.

Il est seulement utile de répondre à quelques objections qui nous ont été faites. D'abord on a cru qu'en réclamant, pour la femme prolétaire, une meilleure organisation du travail et des ateliers où la main d'œuvre ne fût plus livrée aux brigandages de l'exploiteur, nous entendions faire d'elle une ouvrière en tout semblable à l'homme. Telle n'a point été notre idée. Si l'on veut bien se souvenir de ce que nous avons dit plus haut sur l'activité propre à la femme, activité tout interne et en quelque sorte latente, on comprendra que le but de la civilisation ne peut être de l'attacher, hors de chez elle, à des travaux mercenaires. La position faite dans ce temps-ci à la fille ouvrière est donc une position fausse et contre nature. Le caractère de la femme n'est point de s'enrôler comme travailleuse à la solde d'une industrie, mais de soigner son ménage, d'élever ses enfants et de veiller à l'entretien des hardes. Tout autre travail, exercé en commun, hors de chez elle, en la faisant rentrer dans les conditions de l'homme, la fait évidemment sortir des lois propres à son sexe. Quand nous demandions précédemment qu'on organisât le travail pour l'ouvrière, et quand nous lui donnions à elle-même le conseil de mettre à profit les fruits de ce labeur industrieux, nous n'entendions donc pas dire que la condition d'ouvrière fût l'état normal de la femme; nous lui proposions seulement ce travail passager comme un moyen de détruire pour elle les charges du prolétariat. Autrement le but de la civilisation, sans contredit, est, en lui fournissant par le mariage un sort indépendant du dehors, de concentrer l'activité de la femme dans les limites de la vie domestique et de la famille.

Nous avons voulu, en un mot, indiquer à la femme ouvrière, c'est-à-dire esclave, le moyen par lequel s'opérera son affranchissement, et non le but vers lequel doit tendre sa destinée dans l'avenir.

D'autres ont récusé ce moyen d'affranchissement comme inutile, disant qu'il suffisait de réorganiser la société de manière à ce qu'il n'y eût plus de femmes prolétaires. Nous avouons n'ajouter aucune foi à l'avénement de ces transformations magiques et subites. L'histoire, qui est le passé, ne nous en offre aucun exemple. Tout s'y améliore sans doute, mais lentement et par le concours des efforts personnels toujours unis au mouvement des idées. L'individu est à soi-même l'auteur de ses moyens d'émancipation jusqu'au jour où, rencontrant dans la société des obstacles politiques déjà condamnés par le droit, il s'unit aux autres individus pour détruire ces obstacles. Les révolutions qui se déclarent alors ne créent point un progrès ; elles le révèlent.

Revenons maintenant à l'état actuel de la femme prolétaire. Nous l'avons vue, en dehors du mariage, soumise à une abjection et à une servitude complètes ; considérons-là désormais au sein même du mariage qu'elle réalise rarement et difficilement. A part quelques progrès inhérents à cette institution même, nous trouverons que la femme mariée sans propriété rentre encore, chez nous, dans tous les caractères propres à l'état sauvage.

Rivée à l'homme par une nécessité aveugle, condamnée aux travaux forcés du ménage à perpétuité, la femme du peuple [1] subit le mariage

____

[1] Loin de nous, on le comprend bien, l'intention de verser ici sur la classe la plus souffrante et la plus

comme une sentence prononcée depuis long-temps contre son sexe : *sub viri potestate eris, et ipse dominabitur tibi.* Esclave, elle sert son mari dans ses besognes les plus pénibles et le décharge des besoins les plus grossiers. On prend femme, dans une certaine classe, pour que celle-ci prépare les aliments, et, selon l'expression en usage, pour qu'*elle fasse la soupe;* encore la malheureuse, engagée de son côté dans un atelier pour y gagner son pain, ne peut-elle s'acquitter de ces soins qu'en se négligeant elle-même. Sa vie est une abnégation sans réserve. L'*humilité, la patience* que certains voyageurs admirent chez les femmes de la Nouvelle-Zélande, à la vue des maux incalculables auxquels ces infortunées sont

digne d'intérêt un blâme quelconque. Par femme du peuple nous n'entendons pas d'abord certaines femmes prolétaire, unies à des maris prolétaires eux-mêmes, qui présentent dans leur ménage tous les caractères de la plus haute civilisation. Si d'autres même, dans les bas-fonds de la société, continuent les mœurs de la barbarie, ce n'est pas leur faute. Le blâme revient à nos institutions, qui, laissant persister sur ces malheureux les causes de l'état sauvage, les condamnent par cela même à toutes les suites morales de cet état.

journellement en proie, ne sont ni moins surprenantes, ni moins communes en France chez les femmes du peuple. Encore ces pauvres créatures ne recueillent-elles de leur soumission vis-à-vis de l'homme que des fruits amers. L'être fort exerce sur elles l'empire de ses mains avec une brutalité souvent révoltante. Hideusement battues pour prix de leurs services, ces esclaves femelles reproduisent chaque jour, ou plutôt chaque nuit, dans certains quartiers, les scènes douloureuses qu'on lit avec une sorte d'effroi [1] dans l'histoire domestique des peuples de l'Océanie. Il est rare de traverser les rues populeuses, aux ténèbres, sans entendre dans les maisons, à travers les devantures mal jointes, les cris rauques ou les murmures étouffés de quelque victime maltraitée de coups ou tirée aux cheveux par ce maître dur qu'elle nomme son mari.

Battre sa femme est un usage fort ancien dans

---

[1] Les maris, dit M. Dumont, donnent à leurs femmes des coups de casse-tête qui leur font jaillir le sang et leur fracturent souvent le crâne.

le monde, et notamment en France, qui le reçut de la barbarie des peuples du nord. Toutes les sociétés commencent, comme l'humanité, par l'état sauvage, lequel entraîne toujours l'emploi aveugle de la force. De vieilles cérémonies religieuses consacraient même cet usage en plusieurs provinces [1]; le droit en était accordé aux maris comme une franchise [2], et s'il y avait une peine ou un ridicule attaché aux coups donnés dans l'intérieur du ménage, ce n'était jamais pour la femme, mais pour le mari battu [3]. Il est curieux de suivre ces traces de la sauvagerie primitive et de voir avec quelle désolante lenteur ces traces-là s'effacent. Nos annales judiciaires présen-

[1] A Harfleur, au mardi gras, *fête de la scie*, on passait dans l'église le *bâton friseux* à un époux qui en battait sa femme.

[2] Humbert IV, sire de Beaujeu, ayant fondé Villefranche en Beaujolais, et voulant, dit le chroniqueur, y attirer des habitants, accorda entre autres priviléges aux maris la liberté de battre leurs femmes jusqu'à effusion de sang, pourvu que la mort ne s'en suivit pas.

[3] En Auvergne, le mari battu par sa femme était promené en chemise sur un âne, le dos tourné à la tête de sa monture.

tent encore chaque jour, au dix-neuvième siècle, le hideux témoignage de faits semblables. L'être faible est encore livré, en France, à d'horribles voies de faits timidement réprimés par la loi ; heureux quand la femme mariée ne succombe pas, dans ces luttes intérieures, sous les meurtrissures et les coups de couteau[1]! La tyrannie du poing, voilà du moins, dans les cas les plus doux, le régime conjugal sous lequel la femme d'une certaine classe est appelée à vivre.

On voit donc que la servitude primitive de la femme se continue parmi nous pour ces groupes d'individus déshérités, flottants et nus, au sein de l'état social, comme le sauvage au

[1] Au moment même où nous écrivons ces lignes, on lit dans les journaux le crime du nommé Sciotta, geôlier à la prison de la force : « Parvenu au dernier paroxysme de la fureur, il renversa sa femme sur le bord de son lit, s'arma d'un couteau, et la contenant avec son genou qu'il lui appliquait sur la poitrine, la frappa de coups redoublés du fer qu'il tenait dans sa main droite, tandis que de la gauche il lui couvrait la bouche et cherchait à comprimer ses cris. » Et ce sont de tels hommes que l'administration choisit pour le service des prisons de la Seine!

sein de la nature. L'absence de tout bien héréditaire est si fatalement liée, pour elle, à l'esclavage, que les écrivains qui ont réclamé, dans ces derniers temps, l'abolition de la propriété, ont conclu, par une invincible logique, à l'anéantissement des droits civils de la femme. L'un d'eux a même écrit ces lignes, marquées au cachet d'une philosophie brutale : « Entre la femme et l'homme il peut exister amour, passion, lien d'habitude et tout ce qu'on voudra, il n'y a pas véritablement société. L'homme et la femme ne vont pas de compagnie. La différence des sexes élève entre eux une séparation de même nature que celle que la différence des races met entre les animaux. Aussi, bien loin d'applaudir à ce qu'on appelle aujourd'hui émancipation de la femme, inclinerais-je bien plutôt, s'il fallait en venir à cette extrémité, à mettre la femme en réclusion. » Ainsi, l'effort de ces anarchistes, s'il pouvait jamais prévaloir, aboutirait à ramener la femme, sous prétexte de liberté, à la misère et à l'esclavage de l'Orient; la femme redevient, dans ce système, ce qu'elle était avant l'existence du droit, quelque chose qu'on tient sous clé, comme un objet dans une armoire.

Nous venons de voir que l'esclavage se perpétue chez nous pour la femme, même pour la femme mariée, quand la propriété lui manque.

Comme chez les peuples arriérés, le ménage n'offre non plus dans certaines classes souterraines de notre société qu'un affreux repaire, moins fait pour recevoir des êtres humains que des animaux farouches ou immondes. Nous avons vu nous-même de nos yeux, *ipsissimis oculis*, ces antres de la misère. Une saleté sans nom, un air infect et corrompu, je ne sais quel désordre hideux dans les quelques haillons, les débris d'écuelle et les enfants qui traînaient çà et là ; c'était à faire soulever le cœur. Les femmes n'ont ni le courage, ni le temps de balayer ces sauvages réduits. L'araignée file, les punaises grouillent. Tout cela vit pêle-mêle avec les maîtres du lieu. Ces malheureux, déjà dévorés au dehors par les usuriers et les exploiteurs, servent encore dans leur logis de proie aux insectes parasites que la misère et la malpropreté engendrent avec une fécondité aveugle sous leurs vieux murs délabrés. Nous avons vu là de jeunes femmes presque nues, offrir sur leurs bras et leurs épaules les traces hideuses, rouges et sans cesse renaissantes qu'y laissait la morsure de cette vermine. Le travail et l'abrutissement les empêchent de recourir à aucun moyen pour se délivrer de ces maux. Il faut vivre, disent-elles, et pour vivre elles meurent mille fois le jour; car c'est mourir que de gagner l'existence à de pareilles conditions. Dans quelques ménages, les femmes n'ont même pas de cuillère en bois pour manger leur soupe ou se servent de la cuillère de leur mari. Les petits enfants dépècent avec leur mains les os qu'on leur jette. Les carafes sont également de luxe, on puise à même dans un pot une eau trouble et épaisse avec un gobelet fêlé ou même un cul de bouteille qui sert de coupe à toute la famille. Nous n'arrêterons pas plus longtemps nos lecteurs sur ces détails sordides; il était pourtant nécessaire qu'on sût à quoi s'en tenir sur l'état actuel du ménage dans les classes indigentes; le confortable de la vie a fait des progrès remarquables dans ces derniers temps; mais comme on le voit, ces progrès ne sont pas pour tout le monde.

La famille, ordinairement nombreuse dans certains ménages prolétaires (car le pauvre peuple plus que le riche), n'offre, comme dans les âges primitifs, aucune durée. Les enfants quittent de bonne heure la maison paternelle. Les premiers soins sont ordinairement empressés et tendres, comme chez les animaux, de la part de la mère; mais la faim, la faim marâtre, *malesuenda fames*, détruit bientôt ces précieux germes. Dès qu'ils sont en âge de gagner leur vie, la mère expulse elle-même ses enfants de la maison, comme la femelle de l'aigle chasse ses aiglons hors du nid dès que ceux-ci peuvent se soutenir dans l'air.

Il ne faut pas perdre de vue que, pour l'homme et la femme du peuple, la famille est une charge. A peine si la femme qui a conçu ose avouer sa grossesse à son mari; elle la dissimule le plus longtemps qu'il lui est possible, tant c'est presque un crime que d'obéir aux lois de la nature en face de la misère. Une tristesse farouche préside aux travaux de la grossesse, qui, le plus souvent, s'accomplissent d'eux-mêmes, comme chez les peuples sauvages, sans aucun secours de l'art. Le nouveau-né est reçu comme un fléau de plus. Cet enfant, en effet, vient manger ; cet enfant est une bouche, et le pauvre ménage ne suffit déjà point à son nécessaire. Le malheureux est lui-même peu viable [1] ; porté dans le sein d'une mère exténuée par les veilles, mal nourrie, mal vêtue, soumise, jusqu'aux derniers moments de sa grossesse, à des travaux ruineux, ce petit être n'apporte guère à la vie que des membres chétifs et grêles. L'éducation ne contribue pas beaucoup à fortifier ses débiles organes ; ses langes, vrais haillons coupés dans les vêtements de la pauvre femme, le défendent mal des intempéries de l'air ; la mamelle de la mère, desséchée par le jeûne, ne lui verse qu'un lait rare et malsain. Nous avons vu nous-même de ces créatures maigres, livi-

---

[1] La mortalité est considérable pour les enfants nés des classes indigentes ; elle s'élève presque à un tiers en sus de la mortalité des enfants dans les autres classes.

des et mal vêtues obéir, pendant l'allaitement, à la fatale habitude de l'ivrognerie, si commune chez les femmes de la classe pauvre[1]. On devine quelle liqueur empoisonnée devait alors sucer leur pauvre nourrisson. Nous les avons vues, soûles et chancelantes, porter entre leurs bras engourdis leur pâle nouveau-né, au risque de le laisser choir et de lui fendre la tête sur le pavé.

Dans les classes pauvres, l'enfant appartient plutôt à l'atelier qu'à la famille. Dès qu'il est en âge de se soutenir on l'envoie gagner son pain; il devient alors, comme son père, comme sa mère, une machine à production. On comprend que ces travaux prématurés, joints à la mauvaise qualité de la nourriture, au gîte malsain dans lequel il vient reposer la nuit ses membres las, ne doivent pas beaucoup raffermir une santé primitive-

[1] L'ivrognerie est un vice qui croît chez les individus en proportion de leurs maux ; l'homme et la femme du peuple en sont réduits à chercher un refuge dans l'abrutissement; de là les boutiques d'eau-de-vie et de boissons fortes, connues sous le titre de *débits de consolation* qu'on rencontre en si grand nombre dans les quartiers pauvres.

ment chétive. Joignez à cela, pour les garçons et surtout pour les filles, les vices précoces qui naissent de la misère. Une seule chambre renferme, pêle-mêle, le père, la mère et les enfants des deux sexes, comme la même hutte rassemble, pour la nuit, les familles de la Nouvelle-Hollande; tous remplissent de la sorte, en commun, sous les yeux les uns des autres, certaines fonctions naturelles des plus grossières; nous demandons ce que, dans un pareil taudis, peut devenir la pudeur.

Les filles jouissent généralement, dans de tels ménages, d'une liberté aveugle; la mère, occupée tout le jour hors du logis à des travaux qui l'absorbent, ne songe presque point à surveiller leur conduite. Ouvrières elles-mêmes, ces pauvres adolescentes ne comptent, comme les autres enfants, que pour l'argent qu'elles rapportent à la fin de la semaine. Une fille, dans ces ménages-là, c'est un chiffre; une fille, c'est cinq francs[1], voilà; le reste la regarde.

[1] La plupart raccrochent ou volent dans la journée du samedi, pour rapporter le soir à leur mère cette pièce d'argent faute de laquelle le toit domestique leur serait impitoyablement refusé.

Par une suite de ce qui a été dit, l'enfant se trouve d'ailleurs soumis, de la part du père, aux mêmes mauvais traitements que la femme. Les coups, voilà les leçons qu'il reçoit pour apprendre à vivre ; les filles elles-mêmes n'échappent pas à ces voies de faits barbares. Les durs travaux font les hommes durs. Soudé tout le jour à une mécanique, le père revient le soir de mauvaise humeur ; il se venge de la société, qui lui est marâtre, en se faisant à son tour le bourreau de sa famille.

La pauvreté ne règne pas seulement dans nos villes industrielles, quoiqu'elle semble avoir pour celles-ci une horrible préférence. Dans les campagnes, la famille, chez certains paysans, offre des traces non moins affligeantes de barbarie. A peine nés, les enfants piétinent, nus ou presque nus, dans le fumier et dans la boue avec les autres animaux de la basse-cour. Ils viennent comme ils peuvent, sans soins, sans linge, sans éducation aucune, et le plus ordinairement ils viennent forts et vivaces, au grand air. Seulement leur intelligence croupit, comme les mares d'eau de leur village, dans une ignorance malsaine. A peine s'ils commencent à parler vers l'âge de sept ans. Quelques provinces abondent en enfants reconnus pour crétins par les villageois eux-mêmes. Les autres mériteraient de l'être. Salés et dégoûtants, ils rebutent à voir, autant qu'ils affligent par leur bêtise; la croûte de leur esprit est aussi épaisse que la crasse de leur figure. — On cherche en tout ceci la civilisation, et il faut bien avouer qu'elle ne s'y rencontre pas.

Comme les femmes de la classe pauvre ne participent pas aux égards ni aux hommages qu'elles reçoivent dans d'autres classes, il en résulte qu'elles se montrent le plus souvent dépourvues des agréments de leur sexe. Ici encore, comme chez les races primitives, le mâle est généralement mieux partagé de la nature que la femelle. Celle-ci, déformée par le travail, vieille avant l'âge, les seins pendants et desséchés, offre même, pour ce qui est des traits gros et aplatis, une ressemblance frappante avec les femmes de la Nouvelle-Zélande. Quelques-unes ont tellement gardé le type originel, qu'à la couleur près on les prendrait pour des individus étrangers à notre race; ce sont, si nous osons ainsi dire, des négresses blanches.

Il est vrai de dire que la beauté est, vis-à-vis de l'homme, chez les femmes du peuple, un don inutile et superflu. Pauvre bœuf de travail, celui-ci rentre à la maison vers le soir, famélique et bourru ; ce qu'il lui faut, ce ne sont ni des caresses, ni des charmes, ni des flatteries, c'est de la soupe. Le pauvre diable rumine ensuite et se couche. Si, par exception, la femme a été jolie et fraîche, elle ne l'a d'ailleurs pas été pour lui ; un autre, quand il l'a prise, en avait déjà cueilli la fleur. L'homme du peuple ramasse aujourd'hui les restes des seigneurs féodaux de la richesse, comme, au moyen-âge, il ramassait, lui vassal, les restes de son suzerain. Le droit de jambage existe toujours. Tout au plus le vassal du dix-neuvième siècle a-t-il gagné de ne plus assister en personne et de ne plus prêter son ministère à cette indigne défloraison[1].

L'amour n'a pas non plus grand accès près

[1] Si quelque chose peut faire excuser les vengeances exercées en 93 contre la noblesse, c'est à coup sûr la phrase qu'on va lire : *Maritus ipse femora aperiet.*

des ménages indigents ; le hasard forme le plus souvent le lien de ces unions. Il n'y a guère de dispute au sujet du contrat ; l'homme n'apporte rien, la femme rien. Un bon sentiment les pousse à revêtir de formes légitimes cette alliance fortuite. Mais aux noces et aux frais de la cérémonie, qui tarissent leurs faibles épargnes, succèdent les jours laborieux, pénibles, inexorables de la production. La lune de miel est pour eux une lune de sueurs et d'amertume. S'aimer ! les malheureux n'en ont pas le temps ; il leur faut travailler tout le jour, séparés l'un de l'autre. La mécanique est leur femme, le métier est leur homme ; voilà les vrais objets auxquels le sort les a mariés.

Et puis rien de comparable au besoin pour mettre la discorde dans les ménages les mieux unis. Quand l'ouvrage manque, quand le pain se fait rare, l'amour en souffre. La faim est mère des querelles et des tempêtes domestiques. Le cœur de l'homme s'aigrit à la mi-

ut dictus dominus primum florem, primitiasque delibet facilius. Sentence de la sénéchaussée de Guyenne.

sère, et la femme, qui porte déjà moitié de cette misère, doit encore subir de plus les menaces, les reproches, les injustices d'un mari exaspéré. L'ignorance, la grossièreté des mœurs sont d'ailleurs incompatibles avec l'amour, qui est un sentiment délicat. Tout au plus s'il règne, bien rarement encore, dans ces unions légitimes une sorte d'attachement naturel, un instinct qui, dans certaines espèces d'animaux, entretient pour toujours la fidélité entre les individus des deux sexes. Il n'est pas rare, au contraire, que ces mariages, quoique cimentés par le prêtre et par les formes légales, se rompent aux secousses que leur impriment les événements; l'enfant reste alors le plus souvent à la charge de la mère, qui, pauvre bohémienne, va traînant au hasard dans le monde, avec ce nouveau fardeau sur les bras, sa misère et sa solitude.

Un jour j'étais entré dans une vieille église ;
Je regardais, songeant à l'art qui civilise,
Les figures de saints peintes sur les vitraux,
Et les monstres de pierre aux grands airs magistraux,
Quand, pour laver son front souillé par l'anathème,
Un nouveau-né passa, qu'on portait au baptême ;

La foule le suivait comme un événement,
Et moi je m'approchai de ce bruit gravement.
C'était un enfant riche, enveloppé de langes,
Avec des petits bras comme des ailes d'anges ;
Il avait sur la tête, au duvet cotonneux,
Un bonnet blanc orné de rubans et de nœuds ;
Sa layette n'était que tulle et mousselines,
Brodés pendant l'hiver au doigts des orphelines,
Et sur son joli front, encore doux et peureux,
On voyait rayonner la splendeur des heureux.

Une blanche nourrice, au grand et large buste,
Le tenait dans ses bras avec un air robuste,
La croix d'or sur le cou, signe à l'enfant échu,
Les seins gonflés de lait cachés sous le fichu.

A côté, dans l'église, une humble et pauvre mère
Portait entre ses bras un enfant éphémère,
Un pâle nourrisson qui suçait dans le sein
De la femme flétrie un breuvage malsain ;
Il n'avait ni bonnet, ni lange en fine toile,
Pour couvrir son corps frêle et pour lui faire un voile.
A peine si sa mère, encor que nous raillons,
Avait pu lui couper un pan de ses haillons.
Pauvre déshérité qu'ici le ciel hasarde,
Enfant venu de nuit dans une humble mansarde,
Fruit amer et tardif d'un lamentable hymen,
Pendant le dur hiver, tombé sur le chemin.

Cette mère semblait suivre d'un œil d'envie
L'autre frais nourrisson à qui riait la vie,
L'autre beau nouveau-né sur un sein triomphant ;

Car cette pauvre mère elle aimait son enfant :
Elle eût voulu pour lui ces vêtements de laine,
Cette rose santé, cette mamelle pleine ;
Mais faute du pain blanc qui sert à nous nourrir,
Elle sentait le lait dans son sein se tarir.

Et moi j'avais pitié ! — Je disais en moi-même :
Oh ! pourquoi cette mère à cet enfant qu'elle aime ?
Pourquoi tant de rayons et de fleurs d'un côté,
Quand tant d'ombre de l'autre et tant de pauvreté ?
Qui donc a fait cela, du Dieu juste ou des hommes ?
Le sage Créateur, dans le monde où nous sommes,
Aurait-il deux façons de pétrir sous ses doigts
La chair du prolétaire et le limon des rois ?
Pourtant les biens du sol, comme le ciel et l'onde,
Appartenant à Dieu, sont dus à tout le monde ;
Car le même soleil chauffe au même brasier
Le berceau de velours et le berceau d'osier !

Un groupe querelleur de vieilles mendiantes,
Appuyant d'un bâton leurs jambes fainéantes,
Se pressait à grand bruit à travers le chemin ;
La mère de l'enfant ne tendit pas la main.
Mais elle regardait, appuyée à la grille ;
Et quand le prêtre, au bas de l'église qui brille,
Mit l'autre nouveau-né sur les fonts baptismaux,
Elle parut sourire à travers tous ses maux,
Pensant que, riche ou pauvre, à qui le sort s'attache,
Nous devons en naissant porter la même tache,
Puisqu'il faut que l'Église, — et c'est un grand tableau,
Nous lave sur le front tous avec la même eau.

On le voit, mariée ou non, le sort de la femme du pauvre est toujours à peu près le même ; dans l'un et l'autre cas il faut en effet qu'elle pourvoie par son propre travail et ses propres forces à ses besoins. De là une incalculable source de peines sans cesse renaissantes, d'esclavage éternel, d'abrutissement et de discorde. Dans le cas de maladie, si fréquent pour les femmes de la classe souffrante, elle ne peut attendre aucuns soins ni aucuns secours de son mari, qui lutte lui-même par un travail incessant contre la faim. Elle n'a donc d'autre asile à espérer que l'hôpital ; encore n'y entre pas qui veut. Mais, dans tous les cas, cette maladrerie commune inspire généralement aux femmes les plus dénuées une vive répugnance. Plus on descend et plus ce sentiment, ce préjugé, si l'on veut, augmente dans le peuple. Nous sommes loin d'adopter une telle manière de voir et de blâmer ces institutions, les seules qui défendent le pauvre, dans l'état présent des choses, contre les horreurs de la maladie. Mais il n'est pas douteux que ce dégoût, partagé par tous les individus de la classe indigente, n'ait un fondement légitime. Une fois entrée là, une femme se perd; ce n'est plus une personne, c'est un lit; ce n'est plus un nom, c'est un numéro. Étendue sur la couche encore tiède d'une trépassée, elle cédera elle-même sa place à une autre si la mort l'enlève. Là tout est propre, mais banal; tout est convenable, mais triste. Séparée de son mari, de sa famille, au moment où elle aurait le plus besoin d'être entourée d'êtres chers et dévoués, la femme du peuple reçoit les boissons de mains soumises, inconnues, charitables, qui la servent par résignation. De là une tristesse infinie, une sombre solitude morale qui empire encore son état. L'hôpital, utile dans le présent, n'est donc certainement pas le dernier mot de la bienfaisance sociale; il est à désirer que dans l'avenir chacun puisse être soigné chez soi. La communauté disparaîtra de notre régime philanthropique lui-même; car la communauté c'est le commencement et le chaos de toutes les créations. En attendant, il faut louer, affermir, encourager sans aucun doute ces établissements dont par malheur les habitants de nos villes profitent seuls. Le sort de la femme pauvre, dans les campagnes, est plus lamentable encore que dans nos cités, déjà pourtant si souffrantes. On sait que le paysan envoie quelquefois chercher l'artiste vétérinaire quand son bœuf ou son âne est malade, mais qu'il n'envoie jamais chercher le médecin pour sa femme.

Séparée de son mari durant tout le jour par le travail, séparée de sa famille et de sa maison dans le cas de maladie par l'hôpital, la femme plébéienne continue, comme on vient de le voir, la solitude au sein même du mariage. Du reste, aucun moyen pour elle, mariée ou non, de sortir, sous le régime actuel, de cette abominable condition. Chaque jour le sort de la femme prolétaire, loin de s'améliorer, devient de plus en plus sombre[1]. Il y a progrès, mais dans le mal. Le salaire attaché

[1] Il est tout simple que des hommes de plus en plus rétribués par le gouvernement qu'ils servent nous flattent d'une prospérité toujours croissante; mais malheureusement il n'en est pas de même pour les travailleuses. Depuis vingt ans le gain de la journée d'une ouvrière a diminué, dans presque toutes les professions, de plus d'un tiers.

aux travaux de l'aiguille va baissant chaque jour. Certaines industries de femmes sont tout à fait éteintes, les autres languissent. Les entrepreneurs spéculent sur le besoin de ces malheureuses pour en obtenir l'ouvrage à vil prix. C'est à prendre ou à mourir de faim : elles prennent. L'ouvrière est chez nous le pauvre par excellence; c'est à elle que vont surtout ces mots de l'Écriture : *Venatio leonis, onager in eremo, sic et pascua divitum sunt pauperes;* « l'âne sauvage est la proie du lion dans le désert; ainsi les pauvres sont la proie du riche. »

Voilà, il nous semble, le mariage, dans l'état présent des choses, jugé pour la femme prolétaire, la femme du peuple si l'on aime mieux; c'est une infortune, une solitude, un esclavage à deux, et dans le partage de ces maux la plus forte moitié retombe toujours sur les épaules déjà plus faibles de la femme. De défense contre le besoin dans une pareille union, il n'y en a point, il n'y en aura jamais; tout au plus s'il en existe une contre le vice. Mais non, nous savons tous que la fidélité conjugale, dans les âmes ordinaires, ne tient point, en présence de la faim, , contre les promesses et les avances d'un libertin à son aise. De là une source d'affronts, de servitude incurable, d'oubli sauvage de tous les devoirs. Le mariage n'existe donc pas dans la classe pauvre ou n'existe que pour ajouter, dans plus d'un cas, aux maux et au déshonneur de la femme.

Au reste, le mariage, dans la classe bourgeoise, n'offre ni plus de liberté que dans le peuple pour le sexe faible, ni plus de garantie pour la famille quand la propriété manque à la femme. Contrainte alors de faire violence à toute sa nature, la malheureuse accepte l'homme en vue d'un sort. Dès-lors plus de choix, plus de convenance de cœur; rien que la nécessité aveugle unie à une sordide résignation. La femme se fait acheter du mari tantôt pour sa jeunesse, tantôt pour sa beauté, tantôt pour son esprit, souvent même pour ses défauts; tout cela s'évalue et se paie. Le marché a lieu par contrat et devant notaire, comme pour une maison à vendre, pour un champ, pour une vache. Voilà donc encore une fois la femme redescendue au rôle de chose, de bétail, pour ainsi dire.

Souvent cet indigne trafic est imposé à la jeune fille par les vues ambitieuses de ses parents ; d'autres fois (chose monstrueuse à dire), c'est le fruit de sa propre délibération. On a vu dans ce siècle-ci ce qui jamais ne s'était vu ; la soif de l'or a gagné jusqu'aux natures vierges. On cite de nombreux exemples de jeunes filles qui, sans aucune influence étrangère entre le jeune homme aimable et le vieillard riche, ont choisi d'elles-mêmes, dans ces derniers temps, le vieillard pour sa fortune. Il n'est subterfuge auquel ces jeunes filles ne recourent alors pour convaincre leur prétendu, toujours trop crédule, de la délicatesse de leurs sentiments. On sait combien les femmes en apparence les plus harves excellent d'ailleurs, en certains cas, à battre la fausse monnaie de l'amour. Aucun sacrifice ne les effraie, pas même celui de la pudeur lâchement immolée à l'intérêt ; aucun dégoût ne les arrête. Le corps froid et ruiné auquel elles vont attacher leur jeunesse ne leur inspire qu'une répugnance faible comparée à l'ardeur qu'elles ont de posséder. Bien plus, elles font elles-mêmes les frais (autant que leur sexe le comporte) de cette cour ridicule et odieuse; elles tremblent de manquer leur proie; elles pressent cet affreux mariage toujours à leur gré trop tardif; elles ont hâte, les misérables! au supplice de Mécence.

D'autres fois encore ce n'est pas tant ce sordide désir du lucre qui pousse les jeunes filles à contracter un mariage contre leurs inclinations que l'état d'abandon et de solitude où elles se trouvent. Elles veulent de toute l'énergie de leur âme finir une vie sans cesse nomade et dépendante des événements. Elles prennent alors ce qui se présente, mais le cœur ne s'accommode pas toujours de ces arrangements; une rencontre, un hasard, un rien suffit ensuite pour troubler ces unions imprudentes.

Elle était jeune et belle et n'avait plus de mère !
O Christ, elle avait bu dans votre coupe amère !
Quand je la rencontrai sur mon chemin, un soir,
Elle allait tristement, elle était tout en noir;
Pendant deux mois entiers tous deux nous nous aimâmes,
Nous ne fîmes qu'un cœur, qu'une âme de nos âmes;
Puis après, orpheline, errante et paria,
Comme une autre se livre elle se maria.

Elle s'imaginait, jeune fille peu sage !
Qu'on raye un souvenir, comme un mot d'une page,
Du livre de son cœur, où son doigt fit un pli,
Elle avait cru mon nom effacé sous l'oubli.
Mais après le printemps de l'hymen vint l'automne ;
Aux longs jours attiédis d'un destin monotone,
Comme une tache au mur qui par le temps s'accrut,
Un soir l'ancien amour sous l'autre reparut.

Elle s'en effraya : ce ne fut pas sans cause ;
Car son mari jaloux l'aimait comme une chose,
Comme un verger touffu qu'on enferme de murs,
Sans pourtant en cueillir les fleurs ni les fruits mûrs ;
Comme un bassin d'eau claire où le cygne se mire,
Comme un parc, un château que jamais on n'admire,
Mais dont, maître égoïste, aux beaux jours de l'été,
On veut la jouissance et la propriété.

Il disait : « C'est mon bien, c'est ma vigne fleurie ;
Enfant, je l'élevai ; femme, je l'ai nourrie ! »
Et puis autour d'un champ, comme on trace un fossé,
Il mit la solitude autour d'un cœur froissé.

Tu souffrais cependant, ô ma blanche colombe
Retenue en son nid comme dans une tombe !
A sentir sur ton sein de plaisir affamé
Le cadavre brutal d'un homme non aimé !
Pour l'éteindre en secret tu soufflais sur ta flamme,
Tu versais dans tes yeux le plus pur de ton âme ;
Pendant la longue nuit dont l'ombre nous voila,
Tu pleurais, mon amour, et je n'étais pas là !

Pauvres petits oiseaux qu'un reste d'esclavage
Enferma dans l'hymen comme dans une cage,
Oh ! comment voulez-vous, jusqu'au sombre trépas,
Que leur corps soit lié quand leur cœur ne l'est pas ![1]

L'infidélité, l'adultère, avec son hideux cortége de mensonges, de désastres domestiques, de maux sans nombre pour la famille, tel est l'abîme où viennent inévitablement aboutir tous ces mariages intéressés. Esclave du devoir et du vice, la femme porte alors deux chaînes au lieu d'une. De là une vie rampante et pleine de détours. Les défauts propres à la femme dans notre société, tels que la dissimulation, la perfidie, la cupidité, la ruse, sont en effet de vrais défauts d'esclave et des restes évidents de servitude. Nous ne soulèverons même pas le voile tout entier ; nous ne parlerons pas de ces traités secrets conclus au sein même du mariage et en vertu desquels

[1] Il va sans dire qu'en empruntant ici la forme personnelle qui nous a plu davantage, nous n'entendons nullement faire notre histoire, mais celle de tout le monde. Il va également sans dire que, tout en condamnant les causes sociales qui donnent trop souvent lieu à l'adultère, nous n'en condamnons pas moins pour cela l'adultère en lui-même.

la femme se vend au déshonneur après s'être vendue au devoir une première fois. Il y a aussi des choses que l'on ne peut remuer sans qu'il s'en exhale je ne sais quelle odeur de mort.

Faut-il ajouter encore ce que tout le monde sait ; faut-il dire que, dans certains ménages, le mari a connaissance de cet infâme traité et qu'il le consent, au moins par son silence. Il y a, par le temps qui court, plus d'une éhontée Marie Dawe, s'il y a peu de M. de Feuchère.

La famille, dans la classe bourgeoise, offre peut-être plus de consistance que dans toute autre ; mais encore que de restrictions vénales ! que de moyens pour tromper la nature ! que d'abus qu'on ose à peine faire entendre ! Il semble que l'homme et la femme, dans certains ménages privés d'enfants, ne se servent de l'intelligence que pour pervertir les instincts. Il est vrai de dire que la nécessité est toujours-là ; la nécessité, cette loi cruelle et impie qui va contre les ordres de Dieu ; dit aux hommes et aux femmes sans fortune ! « Vous ne multiplierez point ! » Bien plus, il s'est trouvé des économistes pour faire de cette fatalité barbare une doctrine, un principe social ; suivant eux, les individus mariés ne doivent produire qu'autant d'enfants qu'ils en peuvent élever convenablement. La misère, dans l'état présent des choses, limite tout, même le sentiment maternel.

L'excès de la propriété amène, d'un autre côté, les mêmes énormités que son défaut ou son absence. On sait que, dans les maisons riches, le mariage n'existe qu'à la surface; au fond, la femme légitime n'est guère pour son mari que la première de ses concubines. N'avoir point de maîtresse, quand on est opulent et marié, est presque un ridicule dans le monde. De là une séparation réelle entre le mari et la femme; chacun vit à l'écart, et forme deux ménages dans un seul. L'union est rompue, les liens du cœur se relâchent, s'ils ont jamais existé, et, avec eux, s'en vont les éléments dispersés de la famille. Les enfants de la classe aristocratique n'aiment point, en général, leurs parents et les connaissent à peine. Relégués aux mains des instituteurs et des gouvernantes, ils s'habituent de bonne heure à acheter la science, comme plus tard ils achèteront l'amour.

Tandis que l'enfant du pauvre trouve à peine, dans la dure nécessité de ses parents, le moyen de se défendre contre les attaques et les inclémences de la nature, l'enfant du riche s'habitue au contraire, de bonne heure, à contrarier celle-ci dans toutes ses lois et à la soumettre, bon gré mal gré, à tous les plaisirs. Rien n'est épargné dès sa naissance pour lui faire entendre que, tout débile et tout petit qu'il soit, il représente visiblement la divinité sur la terre et que toutes les autres créatures sont trop honorées de le servir.

On voit au Luxembourg, dans une grande allée,
Une voiture, hélas ! de chèvres attelée,
Où les petits enfants, par des chemins divers,
Joyeux se font traîner sous les marronniers verts.
C'est une chose impie et défendue aux maîtres
Que de changer ainsi la nature des êtres,
Et ces petits enfants, en manière de jeu,
Insultent, sans savoir, aux volontés de Dieu !
Moi, ce spectacle-là m'afflige quand je passe :
Ces chèvres ivres d'air et folles de l'espace,
Faites pour se nourrir d'odorant serpolet,
Pour brouter le cythise et pour s'emplir de lait,
Ces jolis animaux et ces lascives filles
Qu'on bride et qu'on enferme entre de dures grilles,
Suant comme des bœufs ou comme des chevaux,

Au lever du soleil commencent leurs travaux,
Esclaves de ce riche aux volontés naissantes,
Dont les petites mains sont déjà si puissantes
Qu'il dérange les lois de la création.
O sombre barbarie ! abomination !
Plus de genêt fleuri ni d'herbes sous leurs lèvres,
Rien que le sable aride à ronger, pauvres chèvres !
Plus de joyeux ébats au penchant du rocher,
Ni d'épine noueuse au haut pour s'accrocher,
Plus de chevreau joyeux, en sautant, qui les lèche,
Leurs flancs sont décharnés et leur mamelle est sèche ;
Plus de jeune pasteur qui les mène le soir,
Blanchir leur poil humide aux ondes du lavoir :
Un garçon de douze ans, lui-même tout en nage,
Brutal et sans pitié comme on l'est à son âge,
Les harcelle du fouet et les hâte à courir
Le long des ébéniers que l'on voit défleurir.

Pourtant cela m'indigne et me rend l'âme amère
Que l'on maltraite ainsi la chèvre, cette mère !
Moi, qui résonne à tout ; moi, qu'un rien sait toucher,
Le râle des moutons que l'on mène au boucher
Et la femme qu'on vend comme l'on vend les roses,
Je dis : quand verrons-nous finir toutes ces choses ?
Des hommes, tels qu'ils sont et tels qu'ils ont été,
La nature se plaint et la société.

Nous ne nous étendrons pas autrement sur
les désordres de la classe aristocratique, on
les connaît ; on sait que l'or n'est guère pour

l'homme, dans le grand monde, qu'un instrument de luxure, et pour la femme un moyen de coquetterie. Le vice, sous des formes différentes il est vrai, mais plus hideux au fond puisqu'il n'est excusé par rien, règne sur la femme qui possède trop comme sur la femme qui ne possède pas assez. L'une et l'autre, placées hors des conditions de la justice et du droit, répandent autour d'elles le désordre qui naît naturellement d'une créature anormale et déréglée.

Nous vivons d'ailleurs à une époque de démoralisation sourde. La crainte de Dieu, qui, il y a deux cents ans, contenait du moins un peu la femme dans les devoirs du ménage, est morte et avec elle toute retenue, toute conscience. Un incurable amour de soi, joint à une cupidité sans frein, occupe et remue tous les cœurs. Acquérir et conserver, voilà le mot d'ordre d'une société où le plus grand crime que l'homme ou la femme puisse commettre, c'est d'être pauvre. Tout est bon pour arriver à ce but et le succès purifie, de nos jours, jusqu'au déshonneur. Quand une société en est là, elle se trouve bien près de mourir et de renaître. Les institutions, toujours utiles pour réprimer la corruption des mœurs et l'empêcher de trop se montrer au dehors, ne sont plus elles-mêmes, dans un pareil état de choses, que les planches du cercueil destinées à retenir le cadavre.

On le voit, le mariage, placé jusqu'ici en dehors des bases raisonnables de la propriété, n'est qu'un secours inefficace aux faiblesses de la femme, et, par suite, à son esclavage.

A tous ces faits, nullement exagérés par nous, affaiblis même à dessein[1], que répondent les publicistes? Les uns indiquent comme remède précisément les causes du mal; possédés d'un désir aveugle et bestial de conservation à tout prix, ils se ruent, tête baissée, à la défense éternelle de ce qui est; le maintien des grandes fortunes, de l'exploitation, du privilége, voilà ce que, dans leur épais égoïsme, ils ont trouvé de plus neuf et de plus efficace contre les protestations croissantes du

[1] Il ne nous est point permis à nous, repris de justice, de voir et de dire ce que M. le baron de Gérando, pair de France, a vu et dit. Nous renvoyons à son livre *De la bienfaisance publique*.

peuple qui se consume à de stériles travaux.

Les autres, en petit nombre, non moins aveugles, travaillés de je ne sais quel instinct de destruction sauvage, confondant le bien et le mal dans leur haine de tout ce qui existe, ennemis de la propriété, du mariage, de la famille et de tout le reste, semblent méditer au 19e siècle une invasion de barbares sur la société.

Entre ces deux opinions, également fausses et excessives, il y a un milieu qui est le vrai.

Nous dirons aux premiers : Conservez les progrès, mais ne conservez pas les abus. Nous dirons aux seconds : Il existe, il est vrai, des fruits de la civilisation auxquels vous ne participez pas encore et dont vous êtes injustement privés, mais ce n'est point en ravageant ces fruits que vous arriverez à en jouir vous-mêmes ; vous seriez au contraire semblables à l'homme qui, pour établir l'égalité dans un terrain vague, brûlerait la maison de son voisin au lieu de s'en bâtir une à côté.

Abolir la propriété, le mariage, la famille, ce serait, selon nous, détruire les dernières digues que la société actuelle oppose encore à l'esclavage du faible. Non, rien n'est à effacer des progrès que le temps a conquis. Il s'agit seulement d'organiser la conquête pour tous, par les voies calmes et régulières du travail, mais du travail affranchi[1].

A mesure que le peuple obtiendra dans l'État des droits politiques (et nul gouvernement au monde ne sera de force à les lui refuser le jour où le peuple les réclamera en masse), il distribuera plus équitablement les fruits de la production, chaque jour renaissante. La propriété individuelle s'étendra alors à tous les individus progressivement, hommes et femmes. Chacun étant délivré de la loi du besoin, le mariage deviendra de plus en plus pour la femme le fruit d'un choix libre et spontané; le mariage sera un apport mutuel de bien-être et de sentiments mis en commun, qui s'accroîtront chaque jour par leur union même et qui n'auront plus de raisons pour finir jamais. Le mariage conservera

---

[1] Nous avons développé plus au long cette idée à la fin des *Vierges martyres*.

de la sorte ce caractère d'individualité à deux, qui le distingue, et la famille, étroitement unie à sa souche, abritée sous le même toit héréditaire, assise, de génération en génération, à l'ombre de l'arbre planté de ses propres mains, réalisera peu à peu le vœu d'un ancien sage : *Sedebit quisque sub ficu suo.*

Si quelques novateurs impatients veulent abandonner tout à coup le sillon tracé jusqu'ici par la civilisation pour en recommencer un autre, brusquement et étourdiment, il faut les plaindre ; ils ressemblent au laboureur qui bouleverserait son champ faute de souffle et de persévérance pour conduire jusqu'au bout la ligne ouverte par la charrue. En politique comme en morale, rien, selon nous, n'est à détruire de ce qui a été fait ; tout est à étendre et à propager. Nous tenons pour la propriété, seulement nous voulons que chacun possède ; nous tenons pour le mariage, seulement nous voulons que tout le monde puisse se marier ; nous tenons pour la famille, seulement nous voulons que tout homme et toute femme en aient une.

L'absence ou l'excès de propriété n'est d'ailleurs pas la seule cause qu'on puisse assigner à la mauvaise constitution du mariage dans les temps où nous vivons.

La propriété est pour la femme la condition matérielle de son affranchissement; mais il y a de plus une condition morale qui est le droit. Si nous avons suivi attentivement la marche du progrès, nous avons nécessairement reconnu que la femme, inférieure à l'homme selon la nature, ne devenait son égale qu'en vertu d'un ordre de faits et de rapports tout à fait indépendants de la force. Or, la connaissance, non plus que la possession du droit, ne s'acquiert que par l'éducation.

Supposez demain toutes les femmes également propriétaires (ce que nous croyons impossible), il n'est pas douteux que la différence d'éducation constituerait, pour chacune d'elles, une différence notable dans les moyens de plaire ou de se faire respecter; ce qui amènerait par suite une différence non moins grande dans les égards qu'elles rencontreraient.

Cette éducation de la femme a été chez nous singulièrement négligée ; comme pratique et comme théorie, tout est à faire. Fénelon a écrit à ce propos un livre fort incomplet, et ce livre est presque le seul qui existe sur cette matière. Comme l'éducation d'un être demande d'ailleurs une connaissance approfondie de sa nature, nous remettons d'en parler quand nous traiterons plus spécialement de la physiologie de la femme.

Il nous suffira de déclarer par avance que l'éducation, jusqu'ici distribuée dans les pensionnats et les écoles, est fausse, contradictoire, absurde ; elle déforme les jeunes filles au lieu de les former. Un de ses moindres inconvénients est de communiquer à la femme (sauf quelques retranchements) le même ordre de connaissances et de la même manière qu'on le fait aux jeunes gens dans les colléges. Le simple bon sens nous révèle pourtant que la femme, étant destinée dans le monde à un autre but que l'homme, doit recevoir un enseignement qui lui soit propre.

Et puis ces grandes gamelles où la science est servie et mangée en commun ne nous ont jamais inspiré que dégoût. Nous ne sommes point pour l'éducation exclusivement publique; l'individu s'y efface, s'y perd, s'y flétrit souvent; on y passe sur ces jeunes esprits flexibles un même ordre de connaissances qui les abaisse tous au même niveau, comme on promène le rouleau sur le gazon naissant pour mieux l'unir [1].

L'éducation bien faite tendra, comme tout le reste, pour la femme comme pour l'homme, à produire tout ensemble dans ses sujets l'unité et la variété ; ce qui suppose, en conséquence qu'elle sera à la fois publique et particulière.

[1] Il résulte encore de nos jours des contrastes funestes pour la femme entre l'éducation reçue dans son enfance et la place que le manque de fortune lui assigne dans le monde. M. Béraud fait remarquer avec raison que la plupart des femmes galantes de premier ordre sont d'anciennes élèves de la maison royale de Saint-Denis. Après avoir orné leur esprit dans cette institution, elles croiraient déroger en se livrant dans le monde à des travaux vulgaires, que leur position leur commande pourtant. Filles, le plus souvent, d'anciens militaires pauvres, elles utilisent alors pour le vice les moyens que l'éducation leur a acquis.

Au reste, pour la majorité des femmes, l'éducation maintenant n'est ni bonne ni mauvaise; elle n'existe point. Son intelligence, condamnée en naissant aux galères à perpétuité, vieillit dans l'enfance de l'abrutissement. A peine sortie du ventre de sa mère, la fille du peuple est dévorée par ce servile travail des mains qui lui enlève jusqu'au désir de s'instruire. Il y a bien des écoles gratuites où l'on apprend à lire et des catéchismes où l'on enseigne les premières vérités chrétiennes; mais la science, quoique donnée pour rien, est encore trop chère aux yeux de ces familles pauvres, qui ont besoin de la journée de leur enfant pour les nourrir. Quelques mères sont même assez abruties pour ne point voir l'utilité de l'étude. « A quoi cela sert-il d'apprendre à lire? » répète chaque jour cette malheureuse qui se trouve bien de son ignorance, car si elle savait elle voudrait lire, et elle manque même d'argent pour acheter des livres.

Aujourd'hui, la femme du peuple est ignorante; le pain de l'esprit lui manque comme le pain matériel; elle n'a en elle-même ni la connaissance de ses droits, ni le moyen de les acquérir. Perdue dans l'atelier, elle n'est guère qu'un rouage aveugle au service d'une industrie et d'un capital qu'elle fait valoir; elle sert comme le cheval sert, sans avoir même le sentiment d'une liberté possible. Dans le ménage, elle n'a également ni la notion de sa dignité ni la force morale qui l'impose à l'homme. Pauvre esclave, elle vit encore sans devoir et sans Dieu [1], sous la crainte unique des coups; et comme en dehors du devoir nul droit, la femme du peuple, se sentant plus faible que le mâle, accepte sans raisonner un pouvoir qui relève du bâton. De notion du juste et de l'injuste, elle n'en a point ou presque point, surtout dans les relations conjugales; la nécessité est sa loi. Or, comme cette sauvage loi de nature sacrifie perpétuellement l'être débile à l'être robuste, la femme se soumet pleinement à l'homme; elle devient sa brute, sa proie; elle tombe à être la prolétaire du prolétaire même, l'esclave de l'esclave.

---

[1] *Sine Deo in hoc mundo*, saint Paul.

L'éducation ne se borne d'ailleurs pas aux premières leçons reçues pendant l'enfance : c'est l'œuvre de toute la vie, le fruit des doctrines qui règnent dans la société. Or, parmi les doctrines qui divisent aujourd'hui les esprits, il en est peu de favorables à la liberté de la femme. Les classes populaires surtout, qui recherchent la vérité avec inquiétude, ont accueilli, dans ces derniers temps, diverses rêveries incohérentes, filles de cerveaux malades et aboutissant presque toutes au matérialisme. Or, la femme n'est forte que par l'esprit, par le droit ; tout système donc qui, niant le devoir, le dévouement, l'amour, songe à réaliser pour l'homme et la femme les pures lois de la matière, soumet la femme à la force et par suite à l'esclavage. La pauvre créature redevient tout à coup ce qu'elle était dans l'état de nature, une femelle destinée à servir le mâle et à produire des petits ; pour d'autres encore c'est, comme dans le troisième âge de l'humanité, un agent de plaisir, et de quels plaisirs, mon Dieu !

Toute théorie qui donne encore pour base à la société l'égoïsme est par cela même compressive de la femme ; car le moi de l'homme, servi par des organes plus robustes et par des moyens plus étendus, l'emportera toujours dans l'application. Donc, servitude et abjection de toutes parts.

Ce sont même ces doctrines, vaguement conçues il est vrai, mais réduites en pratique par la classe bourgeoise, qui y entretiennent la la femme dans un état honteusement passif. L'avarice, la cupidité, le calcul naissent alors dans le cœur de cette créature soumise aux purs instincts de la matière ; son cœur n'est plus qu'un thermomètre qui monte ou qui descend à la température de l'or. Réduite, devant ses propres yeux, au rôle de chose et pour ainsi dire de marchandise, elle se vend au mariage, elle se débite même au vice quand le vice paie chèrement. Quelle dignité, quel sentiment du droit et du devoir demander ensuite à une pareille espèce ? Il n'y a plus qu'à détourner les yeux et à attendre.

De la part de l'homme, même dégradation brutale, même égoïsme. Il passe devant la beauté de la femme sans la voir ou ne la voir que pour la convoiter. Tous les nobles sentiments ont disparu, disparu lentement, et à leur place naissent les passions basses, les intérêts plus bas encore. Les rapports des sexes, dans toutes les classes, à diverses nuances près, sont, de nos jours, ce que le manque de foi et l'absence des vrais principes les ont créés, aveugles, froids et avides.

L'éducation, il est vrai, n'existe pas même pour les femmes de la classe bourgeoise, l'instruction tout au plus; car l'éducation suppose une morale, une croyance, un ensemble de rapports intellectuels entre la femme et Dieu, entre la femme et l'homme; toutes choses que la société moderne a perdues quoi qu'elle en dise. Or, comme le droit et le devoir, qui en est la suite, sont intimement liés à l'éducation, il n'y a point de liberté présentement réalisable pour la femme.

Ce n'est point une raison pour elle de s'endormir, pauvre vierge folle, entre les bras du vice et du découragement, car nous sommes dans la nuit; mais l'époux va venir. Celles qu'on admettra les premières aux noces seront les vierges sages, qui auront su tenir éveillée entre leurs doigts cette lampe ardente de la foi et de l'espérance qui finira par l'amour.

La femme a sa mission dans la grande régénération qui se prépare par la mort du présent tout entier. Outre que le peu de foi et le peu de véritable amour que les femmes entretiennent encore dans le monde abrégent pour les justes les cruels jours de l'épreuve, nous ne doutons pas du rôle pour ainsi dire sacerdotal qui les attend dans l'avenir. La domination des femmes, en un sens, aura quelque analogie avec le pouvoir spirituel au moyen âge ; cette force toute morale et toute religieuse qui faisait alors des papes inoffensifs, nus, désarmés, les maîtres du monde, passera peu à peu au sexe faible. Elles règneront un jour en vertu de cette toute-puissance soumise, *omnipotentia supplex,* que l'Église leur attribuait dans le ciel.

L'éducation sera dirigée dans la même voie. Tout en ornant l'intelligence de la femme, elle aura moins en vue de la faire briller elle-même que de lui donner les moyens d'inspirer l'homme. Suivant le beau symbole d'Adam et d'Ève, la femme est faite pour cueillir le fruit de la science et pour nous le présenter afin que nous en mangions. Les vraies femmes d'esprit sont celles qui en donnent aux hommes; comme les Muses ne sont pas des filles qui font des vers, mais des filles qui en soufflent aux poëtes. Exciter l'esprit et le cœur de l'homme, l'élever sans cesse vers de grandes choses, le soutenir dans les entreprises audacieuses et sublimes, telle nous semble la véritable fonction de la femme sur la terre. Les anges de la mythologie chrétienne, auxquels les femmes ont été si souvent comparées dans ces derniers temps, que sont-ils eux-mêmes, sinon les guides ailés et les inspirateurs de l'homme? ils le conduisent invisiblement vers le bien; ils président à ses instincts, à ses désirs, à ses pensées, pour les tourner toutes vers un but généreux; ils enveloppent, en un mot, toute notre vie, sans paraître jamais. Ainsi en sera-t-il de l'influence occulte, bienveillante et humble que les femmes exerceront sur l'humanité.

Entre la femme des classes ignorantes et la femme des autres classes de la société, il n'y a pas seulement la différence de l'éducation ; il y a encore la différence des moyens naturels propres aux unes et aux autres.

Comme les enfants d'un peuple civilisé naissent avec des organes civilisés, tandis que les enfants d'un peuple sauvage ou esclave naissent avec des organes pareillement sauvages ou esclaves, de même les enfants nés, dans l'état de société, de classes inférieures [1] amènent avec eux, en venant au monde, des organes inférieurs aux autres.

C'est en effet une loi physiologique, exprimée plus haut, que les progrès se transmettent par voie de génération, comme la barbarie se transmet. Les individus nés de parents

[1] Il est inutile de faire remarquer qu'ici nous n'entendons nullement établir entre les classes de la société une ligne absolue de démarcation ; il y a des familles plus avancées dans le peuple que dans la bourgeoisie et que dans la noblesse ; mais en général le manque d'éducation contribue avec d'autres causes involontaires à entretenir les plébéiens pauvres dans un état d'infirmité organique, quant aux exercices de l'esprit.

restés, par des circonstances indépendantes de leur volonté, dans une condition sociale voisine de l'état de nature, reçoivent et communiquent également à leurs enfants des caractères physiques en rapport avec cet état.

Ces influences sont surtout sensibles chez la femme, dont l'organisation flexible et malléable s'empreint particulièrement des causes extérieures et héréditaires qui la déterminent dans son espèce [1]. Les innombrables différences auxquelles ces causes si diverses donnent lieu, quant au plus ou moins de développement de l'individu, constitueraient, au sein même d'une éducation commune, des variétés

[1] Il n'est personne qui ne reconnaisse au premier coup-d'œil, à part même des vêtements, de l'éducation et du langage, une femme du bas peuple d'avec une autre femme. L'une et l'autre sont physiologiquement très-différentes. Des cheveux drus et durs, des traits communs, c'est-à-dire en retard, une voix rauque, de grosses mains sont, presque sans exception, le lot de ces malheureuses. Il est même à remarquer que les divers quartiers de Paris ont des races de femmes qui leur sont propres; mais de telles observations demandent des yeux exercés.

innombrables, et, par suite, créeraient un sort différent pour chaque femme.

L'éducation est la semence, l'individu est le champ; mais la même semence, confiée à une terre plus ou moins préparée à l'avance, produit des fruits plus ou moins heureux; il en est de même de l'organisation qui reçoit la science.

Nous rencontrons donc encore ici un nouvel obstacle à la transformation subite de la femme du peuple, et cet obstacle est le plus invincible de tous, car il réside dans la nature elle-même.

Pour changer de fond en comble et tout à coup le sort de la femme dans certaines classes, il ne suffirait donc pas de changer autour d'elle les causes extérieures qui l'entretiennent dans l'abaissement; il faudrait encore bouleverser les lois immuables de son être; il faudrait, en un mot, refaire cette femme elle-même. Or, ceci n'est point l'œuvre de la volonté, c'est l'œuvre du temps.

Tous les progrès ne sont pas possibles pour toutes les classes, à tous les moments de la vie d'un peuple. Dans l'ordre de la société comme dans l'ordre de la nature, chaque création nouvelle n'arrive qu'en son temps et lorsque le milieu où elle se montre est préparé pour la recevoir. Il serait aussi impossible maintenant de produire de force une condition entièrement libre pour la femme du peuple, qu'il l'était au commencement de faire apparaître l'homme ou le singe sur la terre récente, quand celle-ci, sans cesse inondée par les eaux, donnait à peine naissance aux végétaux les plus simples.

En vain essaierait-on pour cela de la force des révolutions; quoique puissante et vénérable, sans doute, cette force viendrait expirer contre les lois plus puissantes et plus vénérables encore de la nature. Les révolutions ne suppléent ni au temps ni aux développements organiques que lui seul peut amener dans les classes en retard. Si donc nous faisons aux hommes du pouvoir actuel une guerre d'idées, ce n'est point parce que ces hommes reculent et ajournent certains essais téméraires pour la société, mais parce qu'ils se refusent aux progrès raisonnables, qu'ils les empêchent de se produire quand leur moment est venu, et que, par un sombre amour du néant, ils font tout pour étouffer les progrès à venir dans leur germe.

Cette différence entre l'organisation propre aux femmes de la classe cultivée et l'organisation propre aux femmes de la classe inculte est-elle d'ailleurs éternelle, immobile, invariable, comme les ennemis du progrès voudraient le faire entendre ? Non, mille fois non. Les dures conditions qui entretiennent aujourd'hui la femme du peuple dans l'ignorance, dans l'abrutissement, dans la laideur, ayant changé par une meilleure distribution des moyens de bien-être et d'éducation, la femme du peuple se renouvellera elle-même tout entière, mais par degré, progressivement, selon une loi physiologique toujours croissante, et non, comme quelques uns se l'imaginent, subitement, en vertu d'un ordre du jour révolutionnaire.

Il faut plusieurs générations pour que ces progrès, incessamment transmis, acquièrent le degré de fixité qui les élève vraiment à un caractère de conquête sur la nature. La femme se refera, pour ainsi dire ; les organes revêtiront chaque jour, quoique lentement, des dispositions et des aptitudes nouvelles pour mieux servir les besoins de l'intelligence ; les traits même de son visage, toujours en rapport avec le moral de l'individu, acquerront une beauté jusque là absente ; ses membres, qui ne seront plus déformés d'avance par les travaux excessifs dans le ventre de la mère, se proportionneront plus symétriquement aux lois de son sexe. Tous ces progrès correspondront d'ailleurs à d'autres progrès civils et religieux qui s'accompliront à la fois chez l'individu et dans la société.

Peu à peu, les préjugés qui divisent les classes dans le monde étant tombés, et une répartition plus juste des fruits du travail ayant doté la fille du peuple, il en résultera en outre des alliances plus fréquentes entre les individus sans acception de naissance. Or c'est par le croisement des classes entre elles que s'effectuera le dernier perfectionnement des sociétés, comme c'est par le mélange des races que l'humanité doit atteindre un jour son achèvement sur la terre.

L'expérience prouve que dans les anciennes

grandes familles, où l'union des sexes se formait toujours entre des consanguins, l'esprit ne tardait pas à baisser et l'organisation tout entière à s'affaiblir, au point même que les rejetons de ces familles tombassent peu à peu dans une sorte d'avortement et d'imbécillité. Il en est de même d'une classe de la société quand elle se sépare des autres classes et veut en quelque façon se reproduire solitairement par une sorte de monogénie. Gardons-nous de mépriser la noblesse ; ça été une classe initiative, la première née de notre civilisation ; les femmes surtout s'y distinguaient par un esprit, une délicatesse de manières, une beauté remarquables ; la nature avait tout fait pour elles, et la société plus encore ; mais concentrée en soi, dans son amour-propre, dans sa morgue, la noblesse a voulu se tenir à l'écart de la nation et la noblesse est morte.

Aujourd'hui la bourgeoisie a envahi la place de la noblesse déchue ; elle en a pris les mœurs sans en prendre la dignité ni sans communiquer à ses femmes cet ancien bon goût, cette finesse et cette distinction de manières qui sont comme les assaisonnements de la beauté ; elle n'en vit pas moins retirée en soi-même, dans son orgueil, dans sa richesse ; or, si elle s'obstine dans son isolement, la bourgeoisie périra à son tour comme la noblesse a péri.

La nation ne se régénérera que par une fusion des différents groupes qui constituent son ensemble. La noblesse, mieux servie par les conditions de bien-être que la victoire lui avait faites, s'est développée avant le peuple ; mais arrêtée maintenant, elle offre le triste spectacle d'un corps immobile et complètement sec. Cela dure encore, mais cela ne vit plus. Les femmes y représentent à merveille cet état de choses stérile ; elles sont encore belles, mais d'une beauté posthume ; elles ont de l'esprit, mais un esprit froid, aride et amer ; comme la femme de Loth, elles ont été changées en statues de sel, pour leur obstination à regarder derrière elles dans le passé. Le peuple, au contraire, représente la vie, encore grossière sans doute et pour ainsi dire confuse comme le chaos, mais enfin c'est la vie. Ses femmes se montrent quelquefois incultes, mais fortes et fécondes ; leurs traits sont irréguliers, brutaux, heurtés, mais un sang généreux coule dans leurs veines ; il y a chez elles l'élément qui aspire, sinon l'élément qui plaît. La bourgeoisie est active, envahissante et avide ; elle a des femmes à son image. Eh bien ! c'est du croisement de toutes ces classes que sortira dans l'avenir un homme nouveau et une nouvelle femme. Les individus qui ont plus communiqueront à ceux qui ont moins, et en recevront eux-mêmes toujours quelque germe de progrès. Noblesse, bourgeoisie et peuple se retremperont, se modifieront, se compléteront l'un par l'autre dans ces accouplements fixes, de manière à transmettre aux enfants leurs caractères réciproques. De là naîtra l'unité [1] de la nation. Il n'y aura plus alors, selon l'injurieuse division de M. de Maistre, des *femelles*, des *femmes* et des *dames*, mais une seule femme et un seul homme, *comme il n'y a qu'un Dieu.*

[1] Il va sans dire que cette unité ne nuira en rien aux variétés individuelles et à la séparation des sexes, lesquels se prononceront au contraire de plus en plus, à mesure que le progrès déterminera les fonctions propres à chacun.

En résumé, nous avons vu que les droits civils de la femme étaient reconnus dans les sociétés modernes et solennellement proclamés ; mais qu'il en était de ces mêmes droits inscrits dans le code comme de la souveraineté du peuple écrite dans la charte, ou encore comme de la souveraineté du Christ, affichée sur la croix au-dessus de sa tête : « *Jesus Nazarenus rex Judæorum*, Jésus, le Nazaréen, roi des Juifs. »

Dans la pratique, ces droits reçoivent un continuel démenti[1]. Le sort de la femme offre

---

[1] Le mariage lui-même, hors de certaines conditions matérielles et morales, n'est en effet, de la part de l'homme, comme nous l'avons vu, qu'une contrainte par corps, une main-mise sur la femme.

Quelques femmes du monde, très-charmantes d'ailleurs, nous renouvelleront peut-être, à propos des *Vierges sages,* le reproche qu'elles nous ont déjà adressé au sujet des deux autres petits livres, d'offrir par la peinture trop réelle des misères aujourd'hui existantes un tableau affligeant pour l'esprit: nous n'avons pas cru devoir éviter ce blâme. C'est faute en effet de se préoccuper suffisamment des souffrances du peuple que la société les laisse subsister toutes dans son sein. Nous serions ravi d'affliger nos lecteurs et nos lectrices, si par cet endroit une frappante analogie avec le sort du prolétaire. Sa destinée se lie donc, sous certains rapports, à l'avenir de la démocratie. Or l'avenir de la démocratie ne nous inquiète pas; il faudra bien que la France vienne à nos idées ou qu'elle meure; car il n'y a point de vie pour les nations en dehors du progrès et de la justice.

Nous ne croyons au triomphe du parti démocratique que du jour où notre parti sera

la tristesse salutaire qui naît du spectacle des plaies sociales excitait à les guérir.

Parmi les publicistes, les uns nient le mal et n'y cherchent par conséquent aucun remède. Il va sans dire que ce sont des hommes intéressés à ne point voir. Les autres avouent ce mal, mais soutiennent qu'il en doit toujours être ainsi. Ils retombent dès-lors dans l'indifférence des premiers et ne se donnent aucun souci pour le combattre. Enfin, il en est aux yeux desquels les maux de la société existent réellement, mais qui ne croient point ces maux ni éternels, ni immuables : nous sommes de ces derniers.

Aux yeux des hommes de progrès, le mal tend toujours dans le monde à décroître et à s'effacer ; ils pourraient prendre pour devise ce mot d'Horace :

..... *Non si male nunc et olim*

. *Sic erit.*

devenu la nation; mais de ce jour-là aussi le succès, utilement retardé, ne sera plus douteux.

Nous avons vu que l'homme et la femme tendaient au mariage et non ailleurs; mais que celle-ci, dans les classes inférieures, en était jusqu'à ce jour séparée invinciblement par trois obstacles. Cet état présent ne peut durer et ne durera point. Toutes les classes sont appelées à la participation des mêmes droits et des mêmes biens, comme à l'observation des mêmes devoirs; la civilisation n'est point pour quelques-uns ni pour quelques-unes : elle est pour tous et pour toutes.

Ce n'est point par des explosions souterraines et subites que cette civilisation se fait jour, mais par la communication lente, graduelle, quoique inévitable, qui descend des classes plus élevées à celles qui le sont moins; dans l'ordre moral comme dans l'ordre physique, la lumière se lève toujours sur les hauteurs, *oriens ex alto*.

Qui a commencé dans ces derniers temps la révolution politique? un noble : Mirabeau. Qui a fait dans ces derniers temps la révolution religieuse? un prêtre : Lamennais. C'est toujours des progrès anciens que sortent les progrès nouveaux pour l'humanité.

En voyant certaines femmes du monde ornées des fruits de la civilisation, tels que l'aisance, l'éducation, la beauté, le mariage, la famille, que les femmes du peuple n'entretiennent donc point dans leur cœur un sentiment d'envie; car l'envie est basse et absurde; mais qu'elles conçoivent un noble sentiment d'émulation. Ce ne sont pas là en effet des abus à détruire, ce sont des conquêtes à partager. La société ressemble à un stade; parmi les femmes, les unes arrivent plus tôt, les autres plus tard à ces avantages promis; mais toutes y arriveront un jour[1].

Notre devoir, à nous autres écrivains, est de

[1] Ce peu de mots suffit à montrer combien sont funestes certaines théories dont on flatte le peuple pour le détacher de la bourgeoisie et lui faire trouver en soi-même les éléments de son émancipation. Non, les grandes conquêtes sociales ont toujours été obtenues par la nation tout entière. La révolution de 89 a été accomplie à la fois par la noblesse, par la bourgeoisie et par le peuple.

hâter cette participation future de tous les individus aux bienfaits de la société par notre résistance au mal et par cet entêtement dans le vrai qui caractérise les hommes d'avenir.

Le devoir des femmes laissées en dehors de nos institutions salutaires et privées de moyens pour les conquérir est de protester sans relâche jusqu'à ce que le travail, mieux organisé, devienne pour elles un instrument sérieux de mariage et de famille. Celles qui, au sein même de ces institutions, ne rencontrent encore, faute de propriété, qu'un esclavage déguisé, des droits inertes et un déshonneur imminent, doivent également s'évertuer à créer pour leurs enfants des conditions meilleures. Que chacune prenne ainsi sa part de fatigue et de labeur dans une œuvre dont chacune recueillera un jour, pour elle-même ou au moins pour ses descendantes, les fruits immanquables. Que les mères instruisent leurs filles dans le cercle des moyens bornés que la société leur trace maintenant; ce cercle s'élargira sans aucun doute, et avec lui s'élargira de même le bien-être de la femme.

Enfin, les défectuosités organiques qui font que la fille du peuple trouve présentement en elle-même un obstacle à la science et à la liberté, diminueront, elles aussi, à mesure que les classes inférieures s'exerceront sur des objets élevés et se mêleront aux autres classes.

Ce qui s'agite aujourd'hui à la tête de la société passera. Le temps viendra où l'idiotisme enrichi n'élèvera plus une digue obstinée devant les efforts de l'intelligence, Alors les choses marcheront plus vite qu'elles ne marchent à cette heure. Toutefois nous savons qu'il faut le temps à la germination des plantes et à la germination des progrès. Le peuple comme l'individu a en lui des sources d'idées souterraines et dormantes qui finissent un beau jour par sortir, accrues de tout le volume de développements que le temps et le repos leur ont procurés, Nous ne sommes donc pas de ceux qui s'inquiètent ni qui s'impatientent à la vue des lenteurs amères avec lesquelles le bien s'accomplit chaque jour sous nos yeux.

Déjà tout le monde reconnaît de quel côté

est le vrai, le juste, le droit ; mais le courage manque pour les réaliser. Une impuissance à laquelle la peur et l'égoïsme ajoutent encore les armes de la faiblesse arrête l'avènement de tout. La société est semblable, dans ce moment-ci, à cette mère dont parle l'écriture, qui n'a point la force d'accoucher : *Vires non habet parturiens.* Une réforme, fruit de ses entrailles mêmes, se présente, mais elle manque de vigueur pour l'amener dehors et la mettre au monde. Il est nécessaire cependant que cette réforme naisse, ou que la société meure et que l'enfant de son intelligence périsse avec elle.

Jusqu'ici il n'y a guère eu que des révolutions, c'est-à-dire des changements dans la forme de l'État. On s'est servi du peuple comme d'un portefaix pour lui faire déménager des pouvoirs. Il est temps d'en finir avec ces déceptions bruyantes et ces mouvements stériles de la force. Le moment est venu d'améliorer plutôt encore que de détruire. Toutes sortes de questions et d'intérêts ont été oubliés dans le sein même de la société malade par les révolutions militantes. Au nombre de ces questions est celle de la femme, de la femme du peuple surtout; nous avons cru devoir la traiter selon nos lumières. D'autres viendront qui feront mieux. En attendant, nous espérons tenter, dans la proportion de nos moyens, l'œuvre de notre siècle, en continuant dans les mœurs et dans les croyances, la révolution commencée par nos pères sur le champ de bataille de la place publique; les révolutions se préparent par des idées, se produisent par la force et se terminent par des réformes[1].

La politique, isolée d'une nouvelle tendance morale et religieuse, n'inspire plus elle-même qu'indifférence. On sent que changer les hom-

---

[1] La réforme électoral est présentement le moyen pacifique qui amènerait sans trouble toutes les autres réformes dont le pays a besoin. On lisait ces jours-ci, dans une profession de foi bouffonne cette phrase extravagante : « Quel est l'homme d'ordre et d'intelligence qui ne s'est pas acquis bientôt de quoi être électeur ? » Il en est en France qui se croient plus intelligents que M. Jacqueminot (et c'est se montrer modeste), mais dont les moyens pécuniaires ne s'élèveront peut-être jamais, quoi qu'ils fassent, jusqu'au cens électoral.

mes du gouvernement, c'est seulement changer les passions. Tous les esprits se tournent instinctivement vers une science plus positive, vers des résultats plus sérieux. La jeunesse de nos écoles, qui est l'avenir de la France, est toute dans cette voie. Elle croit, elle espère, elle attend. Le peuple aussi attend, le fardeau sur les épaules et la sueur au front. La femme aussi attend, dans la boue du ruisseau, dans le bague d'un mariage forcé, dans la privation de famille ; elle pleure, comme Rachel, ses enfants qui ne sont pas, *quia non sunt.*

A tout cela l'avenir réserve sans nul doute une solution.

C'est par le sort de la femme que la société complétera un jour son œuvre, comme dans le récit profond de la Genèse c'est par la naissance ou, pour mieux dire, par le développement d'Ève, la mère des vivants, que s'acheva la création. Le même ordre sera suivi dans la société et dans la nature. La constitution définitive du mariage et de la famille annoncée au premier homme et à la première femme terminera cette magnifique série de progrès en vertu desquels l'humanité est investie, comme Dieu, du droit de réaliser un monde.

FIN.

LES VIERGES SAGES,

PAR

Alphonse Esquiros

PHYSIOLOGIE DE LA FEMME.

ORIGINE DE LA FEMME.

Humanité. — Séparation des sexes. — Homme et femme. — Initiative de la femme dans la connaissance du bien et du mal. — Son rôle dans le monde.

HISTOIRE DE LA FEMME.

Esclavage. — Polygamie. — Monogamie. — Droits civils.

DU PROGRÈS CHEZ LA FEMME.

Ménage. — Famille. — Beauté. — Amour.

ÉTAT PRÉSENT DE LA FEMME.

Propriété. — Éducation. — Croisement des classes. — Conclusion.